本当にエロい実話MAX

「裏モノJAPAN」
読者投稿傑作選

＊本書は月刊「裏モノJAPAN」(小社刊)の過去11年分の読者投稿の中から、特に人気の高かった記事を抜粋し、1冊にまとめたものです。
＊各記事の情報は掲載当時のものです。

第1章　エロい体験

第2章

エロい現場

第3章 エロ知恵

第1章 エロい体験

おれのことをキモイと罵ったサークルの女子大生に尻の穴を舐めさせてやりました

小島義彦／東京　20歳　大学生

「裏モノJAPAN」2010年8月号掲載

おばさんセーターの男マジでキモいんだけど

まずは自己紹介といこう。おれは都内の有名私大に通う大学3年生だ。それまでの我が大学生活を一言で表現するなら「華がなかった」という言葉に尽きるだろう。あらゆる意味で華がなかったが、特に女性関係は絶望的だった。

例えばそれは、所属するサークル（飲み会系）でのポジションを見ても明白だ。

ここは月に数回のペースで飲み会を開いていて、いつも30〜40人ほどの学生が集まるのだが、おれや友人の周りだけには、何者かが呪いをかけたんじゃないかと疑うくらい女が寄りつかない。

理由はわかってる。冴えないルックス、世間でいうところのオシャレとは無縁の服装。何より、口を開けばアニメやアイドルの話題ばかりの連中が女にモテるわけがない。ハタから見れば、奪われる心配もない純潔を後生大事に守り通している、妙な集団に映っていることだろう。事実、おれは泣く子も黙るシロート童貞だ（風俗経験は豊富）。

しかし、それは自分のことだから言えるのであって、他人様から指摘されれば、やはり傷つく。オタクにだってプライドはあるのだ。

２０１０年4月のことだ。いつものように参加した飲み会で、おれは聞き捨てならぬ会話を耳にした。尿意を覚えて席を立ったところ、店のトイレ付近で参加者の女どもが、ケタケタと笑っているのだ。

「てかさ、隅っこの方にいるオタクたち超キモくね？　なんであいつら、いつも飲み会に来てんの？」

「女っ気ないから寂しいんじゃないの？」

「ゼッテェーそうだよ。おばさんみたいなセーター着てるやついるじゃん。私あいつに何度か話しかけられたことあるんだけどマジやばいの」

「たぶん、そいつ、ミサコをおかずにオナってるよ」

「ぎゃはは、キモー。マジでキモいから！」

その2人は、別の学校に通う女子大生で、以前から頻繁にうちのサークルに顔を出していた。同じサークルのチャラ男と仲がよく、おれ自身も何度か話したことがある。「おばさんみたいなセーター」を来た男とは何を隠そう、おれのことだ。

その晩、アパートに帰ってからも、居酒屋で聞いた中傷の言葉が耳にこびりついていた。キモい、キモい。…ちきしょー、くやしいっ！

「無理無理。チェンジしてもらって」

それから1カ月。事件のことなどすっかり忘れかけていたある晩、ひょんなことから臨時収入を得たおれは、デリヘルに電話をかけた。

ピンポーン。

ソワソワしながら待つこと30分、アパートの呼び鈴がなった。さあてやって来ましたよ。どんなコかなあ～。

「こんばんは～」

トビラの向こうに立っていたギャルの表情が固まった。おれ同様、目の前の相手が何者か理解したからだろう。こいつ、いつぞやおれを「キモいキモい」と罵倒した、あの女子大生じゃないか。

しばしの沈黙のあと、彼女は苦笑いを浮かべた。

「……あのー、●●大の人ですよね？」

そのうろたえまくった態度が、サド心に火をつけた。ふっふっふ。こいつは面白い。

「うん、サークルの飲み会で話したことあるよね。ほら、中へ入りなよ」

引きつった笑みを浮かべ、彼女が後ずさる。

「いやいや無理無理。お店にチェンジしてもらって」

「おれは君でいいよ」

「アタシが無理だってての！」

いかにも不機嫌そうにタメ語を発する女。コトの重大性がわかっとらんようだね。

「●●くん（サークルのチャラ男）とか知ってんの、君のお仕事」

「…は、なにそれ？　脅迫してんの？」

「まさか。てか、おれ客なんだけど。言葉遣い、ちゃんとしてよ」

「…すいません」

どうやら、あのチャラ男に好意をもっているみたいだ。ぷっ、バカだこいつ。


「はやく舐めてよ。キモい男のチンポ」


すっかり観念した様子で、女は部屋に上がった。フロに入るため、服を脱ぐよう促すと泣きそうな顔で従う。

見かけによらずいい体じゃないの。推定Dカップのロケット乳に、ぷりんと肉感のある尻。エロいねー。

シャワー中、女の乳首をいじりながら意地悪くたずねる。

「肛門もちゃんと洗ってよ。たしかアナル舐めは無料オプションだったよね？」

「……」

くくく、目が怒ってます。

ふて腐れたような女の態度は、プレイが始まってからも変わらなかった。ディープキスでは顔をしかめ、大好きな乳首舐めもおざなり。フェラにとりかかろうとする際など、

飲み会でオレを
バカにしやがった女に
アヌスを
ナメろォ
…はい
性的復讐だ!!

これみよがしにため息までつく始末だ。よほどおれのことが嫌いらしい。

そうかい。じゃあこっちも言ってやろう。

「あのさ、先月の飲み会で、おれのことキモいって笑ってたでしょ」

「…言ってないけど」

「ウソ。おれ見てたもん」

「あ…ゴメンなさい」

ここぞとばかりに、おれはたたみかけた。

「じゃ、はやく舐めてよ。キモい男のチンポ」

「……」

ポッテリとした唇がチンコを吸い込む。ジュボ、ジュボ。うむ、上手い。んじゃ、次はアナルね。

「……はい」

深いタメ息をつきながらも、従順に仕事をこなす女の様を目の当たりにするうち、不思議な興奮が体を駆けめぐった。何だろう、この征服感は。スゲー気持ちいいんですけど。

ビームライフルのごとく高速発射された精子が、彼女の口内を射貫いたのは、それから10分後のことだ。

以来、女はサークルの飲み会にいっさい姿を見せなくなった。よほどショックだったんだろう。ご愁傷さま。

「裏モノJAPAN」読者投稿傑作選 本当にエロい実話MAX

石川秀子(仮名)/東京 20歳 大学生

エイズ検査陽性だった私、家庭教師の生徒にうつそうと生エッチを繰り返したけど

こいつがのうのうと生きていくなんて

大学に通いながら都内のデリヘルで働いていたある日、同僚たちと、「みんなでエイズ検査をやったほうがいいんじゃない?」って話になった。

それもそうだと、ネットで簡易検査キットを注文し、血を一滴垂らす。これで線が1

「裏モノJAPAN」2012年10月号掲載

本浮かびあがってくれば陰性、２本ならアウトってことだけど…。

ウソでしょ？　２本線⁉

思わずキットを手から落としてしまった。私、エイズなの⁉　仕事ではフェラしかしてないのに。

その日から授業にもデリヘルにも出ず、アパートにこもった。外出はゴハンを買いに行くときだけだ。まったくなんにもヤル気がしない。

東京にいる意味もわからなくなり、大学を休学して実家の長野に戻ることにした。

かといって親には事情を打ち明けることもできず、ただただ一日中ゴロゴロしてるだけ。最初のうちはよかったけど、だんだん母親も小言を言うようになってきた。

「ダラダラする子に食べさせる余裕はないわよ？　学校休んだのならアルバイトでもしてお金入れなさい」

しかたなく家庭教師のバイトに登録し、高校３年生の男子を受け持つことになった。

その子の家は地元でも有名な高級住宅街にあった。３階建ての家で、庭に大きな犬が放し飼いにされている。チャイムを鳴らすと小ぎれいな格好の母親が出てきた。

「あら、いらっしゃい。ユウスケ、来たわよ〜」

出てきた高校生はいかにもイマドキのチャラ男クンって感じだ。毎日楽しいんだろうなぁ。友達も多そうだし、バカがつくほど健康そうだし。ああ、なんか気分が落ちてきた。

彼はこんなナリのくせして成績はいいようで、英語も数学も、教えるまでもなく、問題集をすらすら解いていく。

だから私の役割は教師というより雑談相手のようなものだ。

「このまえナンパした子とカラオケでヤッちゃったんだぁ」

「彼女がいるのに？」

「うん、みんなヤッてるし」

チャラい。ムカつく。貧乏人の私が早死にして、家は金持ちで彼女を大切にしないこいつがのうのうと生きていくなんて。こういうどうしようもないヤツこそエイズになればいいのに。

これで君もエイズの仲間入りよ

何度目かの授業に、私は意を決して、思いきり胸の開いた服を着ていった。

案の定、いつもは饒舌なカレがやたらと静かだ。

「今日はマジメなんだね。いつもみたいにエッチな話しないの？」

「え？　いやー」

カレの太ももに手を伸ばす。

「ワタシとしたい？」

「…したいっす」

そこからは早かった。布団を急いで引っぱり出した彼とともに寝転がり、思いきりフェラをしてやる。できるだけツバを出して、ベチョベチョとチンコにこすりつけるように。

「ね、入れよっ」

「俺、いまゴム持ってないし」

「いいよ、でも外で出してね」

そのままナマで挿入し、騎乗位でがんがん腰を振りまくった。よーし、さっさとうつっちゃえ。これで君もエイズの仲間入りよ。

次の授業からは、もう当たり前のように生セックスをしまくった。

「先生すげーエロいよね」

「アッ、アーン」

はしゃぐ彼に大げさなアエギ声を聞かせながら、私は心の中でほくそ笑んでいた。喜んでいられるのも今のうちだって。

3カ月ほどで、20回はヤッてあげただろうか。なのに彼の様子に変化はなかった。

「ねえ、ユウスケ君。最近、体の調子とかどう？」

「どうって？」

「風邪とか下痢とか、そういうのない？」

「別にないけど」

★

家庭教師のバイト代はせいぜい月に2万円程度で、それをそのまま家に入れるバカみたいな暮らしがイヤになってきた。

別のバイトをするのも、東京に戻るのも面倒だし、もういっそのこと入院でもしちゃおうかと考えた。親への当てつけの意味も込めて。

地元の大学病院へ行き、「エイズ検査で陽性が出たんですけど」と告げると、すぐに採血された。

30分ほど待たされて再び診察室へ。先生が口を開く。

「陰性でしたよ。大丈夫です」

え⁉　陰性って、セーフ⁉

「簡易検査は、まれにミスがあるんです。ちゃんと検査して陰性でしたから安心してくだきいね」

なんてことだ。悩んでいたのがバカみたい。

じゃあ私、ユウスケにおいしい思いさせてあげただけってこと？　あいつ、ますます図に乗っちゃうよ！

「裏モノJAPAN」読者投稿傑作選

おらが町に都会のオナゴが！ ナイナイのお見合い番組のおかげで純潔アナルをたっぷり堪能しました！

田中謙之助（仮名）／東北某県 40歳 工場勤務

「裏モノJAPAN」2015年1月号掲載

ナイナイの2人が司会を務めるお見合い番組はご存知だろうか。毎回、過疎化が進む田舎が舞台となり、都会からきた女性と地元の男性とでお見合いパーティを開催する番組だ。晴れてカップルが成立した暁には、女性が田舎に留まりすぐに嫁入りするケースも少なくない。

あるとき、俺の住む東北の田舎町にもこの番組がやって来ることになった。若年人口の流出と少子化に悩むわが町が、重い腰をあげて全面的に資金面のバックアップをしてくれたのだ。

生まれてこの方、地元からほとんど出たことのないゲーム好きの俺は、役所に勤める友人の紹介でこの番組に出演することになった。生涯40年間恋人がいない素人童貞、休みの日はパチンコとオナニーで過ごす日々が大きく変わるきっかけになると思い、清水の舞台から飛び降りる気持ちで参加を決めたのである。

性欲が爆発しないわけがない

収録は地元の体育館とグラウンドを使って行われた。

都会から来た女性はバツイチのシングルマザーや40歳手前の独身女がほとんどで、数少ない20代女性に、開始早々ほとんどの男が食いついてしまった。

一方、男性の参加者は工場勤務の俺以外に大工や板金屋、畳屋の息子と様々だ。年齢は40歳の俺より上の者もチラホラいる。人気が集中したのは30代前半のイケメン農家だ。

ゲーム好きな俺の話に唯一食いついてくれたのは、関東の都会から来てくれた●歳のちょいぽちゃカナコさん（仮名）だった。バツイチで小学生の子供がいるという彼女は、本気で我が地元に嫁ぐ覚悟があるという。それにしてもどうだ、この巨乳は。早く食いつきたい！

カメラは、それぞれ競争率の高くない俺たちをほとんど追いかけなかった。

「いま家も狭くて、子供も大きくなるからこっちで生活するのもいいかなって思うんですよ」

「うん、大丈夫。ネットがあるからアニメもちゃんと見れるしね。あとこっちはネギとニラがうまいがら」

「それができれば安心ですね～！　野菜も大好きです～！」

会話が弾んだ結果、告白タイムで俺たちは見事カップルとなった。

結婚を前提に付き合うことになり、収録が終わってすぐにこの田舎町を案内しながらまずは3日間だけ滞在してくれることになった。当然、俺の両親は大歓迎だ。

滞在初日、まだ出会ってすぐだからということで、手を出さずに我慢していた俺だったが、40年間溜まり続けていた性欲が爆発しないわけがない。都会からやってきた女体はどこかハイカラな香りが漂う。いつ貪り食ってやろうか。

彼女を完全にみちのくの色に

滞在2日目、最初の夜はやって来た。俺の運転で一通り町周辺をドライブで案内した夕方、なにも言わずそのままホテルへ入ることに。

初めてまともに素人女性と交際するにあたって、俺は彼女が過去付き合ってきたあらゆる男達に負けたくないという気持ちがあった。むろん、そのための手っ取り早い手段はセックスだ。完全に俺の身体がないと生きられないほどのテクで彼女を酔わしてやりたい。そんな考えもあり、部屋に入ってすぐに彼女をベッドに押し倒した。

「ちょっと～！　ゆっくりしようよ！」

その声を無視し、何度もシミュレーションした流れであっという間に服を脱がせ、湿りに湿ったマンコに強引に中指と薬指を差し込んだ。ヌプリと指が吸い込まれていく。特急と新幹線を乗り継いで3時間以上かかる都会の女と、俺はいま秒速でつながったのだ。

「ううんっ！　早いって…！」

だが、すでにピチャピチャとマンコからはスケベな音が聞こえてくる。やはり、都会の女は遊びまくっているだけあってセックス好きの身体に仕上がってしまっているらしい。それが嬉しくもあり悔しい。俺は40年間オナニーで我慢してきたっていうのに！早く俺の色に染めなければ！

激しい手マンのあと、強引にシックスナインの体勢になり、喉の奥までチンコを突っ込んだ。ほら、どうだ土混じりの大自然で育った有機チンコは！

「ウエオォッ！　ゲホッゲホッ！」

イラマチオを受け入れる彼女の姿を見て、俺は心の底からナイナイに感謝の念を抱いた。この番組がなければ都会の女にイラマチオをさせることなど絶対にできなかったろう。

「ちょっと、強引だって…！　ダメ…」

「だって、濡れてんだぞ？　ウソはいげねって！」

構わず、東北新幹線ＭＡＸやまびこ号の先頭車両そっくりの亀頭をアナルにあてがった。

「それは痛いからホントにやめて…」

アナルは経験がないと言う。都会の男も、彼女のアナルはノーマークだったらしい。ならば、俺の責めるべきところはここしかないじゃないか。グイグイと差し込んでやったアナルは最高に締まりがよかった。その日、俺はアナルに二発中出しをし、彼女を完全にみちのくの色に染め上げたのだった。

それから１カ月後、予定通り籍を入れ、ほぼ毎晩、俺は彼女のアナルとマンコを責めあげた。おそらくセックスの回数で言えばあの番組に出たカップルの誰よりもこなしただろう。

★

だが、そんなアナル生活も長くは続かなかった。結婚からわずか2カ月。セックスのとき以外でほとんど会話を交わさなくなった俺は彼女から離婚を言い渡され、子供を連れてあっという間に実家へと逃げられてしまったのだ。

短い結婚生活だったが、ナイナイのおかげでこの2カ月間オシッコ飲みや露出などあらゆる変態プレイを楽しませてもらったことを感謝している。

本当にエロい実話MAX
「裏モノJAPAN」読者投稿傑作選

太田光一／福島 35歳 会社員

金曜の夕飯の餃子が「明日はエッチOK」の合図。オレのセフレは8歳年上の義母です

ホレたハレたを度外視し、好きなときに好きなだけエッチできる——。セフレが1人でもいれば人生はバラ色だ。「裏モノ」男性読者なら頷いてもらえるだろう。しかし、もしその相手が近親者だとしたら話は少しややこしい。

「裏モノJAPAN」2009年1月号掲載

地元でもらった嫁は高校出たての18歳

東京の三流大学に進学、そのまま都内で就職したものの父親が倒れたのをきっかけに5年前にUターン。コネを使い、地元の福祉事務所に潜り込んだ。この際、身を固めるのも悪くないと思ったが、いかんせん相手がいない。

娯楽が少ないせいか、地元に残った人間は、大半が20代で結婚してしまう。心配した親戚のおばちゃんが持ってくる見合い話は、出戻りか明らかに難アリ物件ばかりだ。が、神はオレを見捨てなかった。駅前のコンビニで財布を落としたことからバイトの女のコと仲良くなり、半年後に嫁にもらった。しかも、その子が高校を卒業したての18歳だったのだからオレの舞い上がり方は尋常じゃなかった。

彼女の両親は彼女が小学校に上がる前に離婚。父親の思い出はほとんどないというから、年の離れたオレに、父親の面影をダブらせていたのかもしれない。

いずれにしろ、一回り年下の嫁は可愛く、翌年には長男が誕生。彼女の母親もオレたちの結婚を機に以前からつきあっていた男性と再婚し、オレの実家も含め、三家が行き来しながらウマクやっていた。

転機が訪れたのは去年の夏だ。カミさんの母親がオレたちのアパートに転がり込んできたのである。なんでも、再婚相手が嫉妬深く、暴力をふるうようになったのだという。

「お願い。少しの間、置いてちょうだい」

そう頼まれれば断るわけにもいかない。が、これが、コトの始まりだった。

タンスの中からバイブレータが！

オレの仕事は月〜金の朝から晩までで、土日は基本的に休みだ。が、とりたてて趣味もないので日がな家でゴロゴロと過ごす。

義母は義母で、知り合いの燃料店に勤め先を確保。子供にお土産を買ったり、家事を手伝ったりと、和気藹々の同居生活が始まった。

長男が保育園に通い始めた去年の春から、カミさんが働きに出るようになった。以前バイトしていたコンビニの店長に懇願されたようだ。

勤務は平日は昼どきから夕方までで、子供の送り迎えや夕食の用意にも支障はない。困るのは土曜だ。人手が足りないと、昼間、狩り出されるのである。

これの何が問題かといえば、長男は保育園があるため、昼は狭い2ＬＤＫのアパートにオレと義母の2人きり。オレの子供にとってはおばあちゃんだが、20歳でカミさんを産んだ義母はまだ43歳。女盛りなのだ。

カミさんの代わりに洗濯機を回そうと汚れ物に手を伸ばせば、カミさんのものとは違う小さなパンティが出てくるし、身体の線が丸出しのラフな服装も目のやり場に困ってしまう。

いくらカミさんが若くても、子供が生まれてからはセックスレス。加え、結婚前までオレが付き合った相手は同年代か年上で、8歳年上の義母はストライクゾーンなのだ。

このままじゃマズイことになると、カミさんにバイトを辞めるよう話した。人げさに思われるかもしれないが、本気で自分に自信がなかったのである。

そして、その不安は今年の春、現実のものとなってしまう。悶々とした感情が抑えられなくなり、義母が留守の間に部屋に侵入したところ、タンスの中に真っ黒なバイブレータを見つけてしまったのだ。

あとはもうまっしぐら。義母と2人になると、わざとドアを開けっ放しにしてオナニーを見せつけた。

そしてとうとうチャンスはやってきた。今年春、カミさんが高校の同窓会で夜遅くまで出かけたのである。

早々に長男を寝かしつけ、オレは義母が作った夕飯を食べながらビールの栓を抜いた。

「面白いDVD借りてきたんですよ。一緒に見ましょう」

用意した裏DVDをセットし、再生する。

「ふふ、あなたたち、こんなの見てるの」

最初は笑って見ていた義母だが、モザイクなしの合体シーンに突入すると、明らかに顔を上気させ始めた。

「えー、なにこれ！」

口ではヤダと言いながら、目は画面に釘付けだ。オレが義母の横に席を移し、肩を抱くと、「ダメよ」と言うが声が甘い。強引に唇を奪うと、あとはなし崩し。「あのコに悪い」と言いながらオレを受け入れてくれた。

以来、オレと義母は、土曜の昼をベッドで一緒に過ごしている。金曜の晩、義母が餃子を用意したらエッチOKの合図だ。

「お母さん、また餃子なの。明日はすき焼き食べたいな」

カミさんは文句を言いながらも、義母に甘えている。オレたちのことがバレたら、仲良し母子の関係まで壊してしまうのかもしれない…。

★

悪いことと知りながら、義母とセフレの関係になり半年。気をつけていたのに、先日、義母とイチャついてるところをカミさんに見られたらしい。やけに仲がいいのね、と嫌みを言われた。

「おまえのたった1人のお母さんだから、これでもウマクやろうと気を遣ってるんだぞ」

ごまかそうと久々エッチをしたら、以後、週1で求められるハメに。土曜の昼がお義母さんで、夜はカミさん。この生活、いつまで続くのか。

性の対象として見てないからこそオンナ友だちの裸は究極のオカズになり得るのです

吉田鉄雄／東京 30歳 会社員

「裏モノJAPAN」2009年2月号掲載

オンナ友だちって何だろう。

友だち、と呼ぶくらいだから一緒に食事したり、遊びに行ったり、ときには込み入った相談を持ちかけたりもする。

けどセックスをやっちゃうと、その時点で互いの関係性は変わってしまう。以後、彼女やセフレとして交際を続けるのは可能でも、二度と以前の間柄には戻れない。そこが男友だちと決定的に違うところだ。身近なようでその実、性の香りからはもっとも遠い存在、というか。

だからこそ、人は異様な興奮を覚えるのかもしれない。女友だちの裸ってやつに。

あいつって本当はこんな体してるんだ？

キッカケは、半年前に起きたハプニングだった。

その日、俺は大学時代の友人アキコと居酒屋にいた。彼女とは10年来の仲で、社会人になってからもちょくちょく顔を合わせている。

もちろん肉体関係はない。過去、酒の勢いで冗談まじりに服の上から胸を揉みしだいたことはあったが、体に触れたのはそれ一度だけ。友だちとしてはいいヤツだが彼女にするにはちょっと。顔だって、ちょっと志村けん入ってるし。

「そうそう、この前お母さんと2人で温泉に行ったの。ほらコレ」

生ビールから焼酎ロックに切り替え、いい感じになってきたころ、アキコが自分のケータイを差し出した。見れば、旅館で浴衣姿の彼女が母親とピースサインをしている。

いいな、温泉。

「でしょ。あたし、ちょっとトイレ。写真でも見てて」

「うん、いってらっしゃい」

アキコが立ち去った後、何気なく別のフォルダも覗いた。と次の瞬間、イスからずり落ちそうになった。ケータイ画面に、突如、ヌード姿のアキコが出現したのだ。

どうやら計10枚以上もあるその写真群は、アキコが自分で撮ったものらしく、登場人物は彼女1人のみ。媚びた表情のバストアップもあれば、四つんばいになったもの、さらには股間のドアップなんてものもある。

普通なら、なんでこんな写真撮ってるんだと疑問に思ったり、バカなヤツと笑い飛ばす場面だろう。

が、俺は違った。あいつってこんな体してんだ。乳首は意外とピンクで、マン毛はボウボウ。ケツでけぇーなぁ。そんなことを思いながら股間を充血させていたのである。

「どうする、2軒目行く?」

居酒屋を出ると、アキコがいつもの調子で俺の肩を叩いてきた。ほんのりピンクになった彼女の顔をマジマジと眺める。

「いや、今日は帰るわ」

帰宅後すぐに1発抜き、30分経ってからまたアキコの裸を思い出して抜いた。女友だちの裸は究極のオカズだった。

真剣に頼めば案外脱いでくれるかも

以来、心の中で強い願望が生まれ、折に触れ時に触れ、考えるようになった。めっちゃ女友だちの裸が見たい。飲み友だちのカズコのも、職場の同僚のヨシコのも、幼なじみのユリのも、とにかくみんなの乳やマンコを見てみたい。でもどうやれば？

まず浮かんだのは盗撮。…いやいや、恐れ多くてとてもそんな。かといって、こっそり睡眠薬を飲ませるのも人として終わってる。

ならば真剣に口説いて、ホテルに連れていこうかとも考えたが、別に体が目的というワケじゃない。友だちは友だちとして、今後も付き合っていきたい。

悩みに悩んだ末、正直にお願いしてみることにした。切なる頼みとして、真剣に説得すれば、案外あっさり真っ裸になってくれるかもしれない。だって、友だちなんだし。

「ぎゃはは、鉄雄、あんたバカじゃないの？」

さっそく飲み友だちのカズコを呼び出し、目的を告げたところ、ヤツはへそで茶を沸かす勢いで笑い転げた。

「いや、冗談なんかじゃないよ。本当に、心の底からお前の裸が見たいんだ。頼む、脱いでくれ」

「…ちょと、ウソでしょ？」

「いや本気です。脱いでください。見せてください。お頼み申します」

「……あのさぁ、そういうのおかしくない？　裸になったらどうすんの？　目的はなんなのよ」

カズコの目に、軽蔑の色が浮かぶ。この辺りで俺はしくじったことを痛感しだした。が、ここは最後まで言い通さなければ。

「いやぁ、そのぉ、アレですよ。お前の裸をオカズにですねぇ、してみよっかなぁとか何とか言っちゃったりして」

「……やだ、すっげーキモイ。悪いけど帰っていい？」

この日、俺は、大切な友人を１人失った。

泣き落として親友の彼女の裸を

言っておくが、俺はしつこさにかけては定評のある男だ。これしきではへこたれない。でも、バカ正直に直訴するのはもうやめよう。カズコの二の舞はゴメンだ。

そこで俺は1人の男に目をつけた。幼小中高を通しての大親友、トオル。コイツの彼女であるマサヨもまた俺とは古くからの付き合いであり、その裸写真をトオルに撮らせようというのだ。

しかし、トオルの反応は想像以上に悪かった。

「お前さ、自分で何言ってっかわかってんの？　親友の女の裸をオカズにしたい？　狂ってんじゃねぇの？」

その通りだ。俺は狂ったのだ。でもわかってくれ、この苦しみも。お前にしか、親友のお前にしかこんなこと頼めねぇんだよ。うう、ううう。うわあああーっ！

一世一代の嘘泣きは、絶大な効果をもたらした。嗚咽し、床に転げ回る親友をさすがに不憫に感じたのか、ついにヤツが首を縦に振ったのである。ビバ嘘泣き！　ビバ嘘泣き！

「おい鉄雄、これっきりにしろよ。あと絶対、コピーすんなよな。約束破ったり、マサヨにバラすなよ」

後日、トオルからデジカメを受け取った。家に持ち帰り、すぐさま電源を入れると、そこにはいつもの見慣れたマサヨはおらず、自ら小振りの乳を鷲づかむ、淫らな女の姿が映し出されていた。

シコシコ、ぴゅ。シコシコ、ぴゅ。シコシコシコ、ぴゅ。今回はなんと3回も抜けました。悪ふざけは、もうここらで止めにしようと思います。

本当にエロい実話MAX
「裏モノJAPAN」読者投稿傑作選

お涙ちょうだいに女は弱い！「実は俺、余命1カ月なんだ」と同情を誘ってヤラせてもらう

吉田ヒロシ／東京 29歳 フリーライター

「裏モノJAPAN」2009年8月号掲載

映画『余命1ヶ月の花嫁』が大ヒットを飛ばしている。乳ガンに冒された24歳女性が、恋人や家族に見守られながら死んでいくという話だ。

本来、俺は、この手のお涙ちょうだい的な映画は好きではない。だから本編もまったく観る気がしない。

でも、この映画が多くの女性に感動を与えていることは、ちょっと見過ごせない。

ならば俺も「余命1ヶ月なんだ」とあちこちで触れ回れば、人々に同情され、こちら

の願いを聞き入れさせることが可能なのではないか。

映画がヒットしている今しかチャンスはない。

メチャクチャ顔色いいじゃん

ターゲットとしてまず浮かんだのは、デリヘル嬢だ。

プレイが始まったら、タイミングを見計らって本番を試みる。むろん、相手は拒否するだろうから、そこですかさず「実は俺…」と切り出す寸法だ。病名は、うーん、タバコをたくさん吸うので咽頭ガンにしよう。

テキトーな業者に連絡を入れ、ラブホテルで待つこと1時間。HPの写真とは別人のようなギャルっぽい女がやってきた。

「どうもー」

「いらっしゃい、ゴホゴホ」

「風邪ですか?」

「いや…ゴホ。ちょっとノドの調子が悪くて」

5分ほど世間話をして、プレイスタート。ひと通り、ギャルに乳首や股間を舐めさせてから体を入れ替え、今度は俺がクンニする。よーし、濡れてきたぞ。グッショグショだぞ。では、そろそろ始めますか。

女の股をグワっと開き、その中心にチンコをあてがう。

「ちょっとちょっと、何してんの」

「入れていい？　ゴム着けるから」

「無理無理」

そのことばを待っていたかのように、俺はシュンとうなだれた。

「あのさ、実は俺、あと1ヶ月の命なんだ…。喉頭ガンでね。もう末期だから手術もできないって。ゴホ」

どうだ、恐れ入ったか。

「何いってんの？　ウソでしょ？　お客さん、メチャメチャ顔色いいじゃん」

「今日はたまたまだよ。昨日まで寝たきりだったもん」

「ウソウソ。余命1ヶ月だったら、ベッドから起き上がることもできないって」

「……ゴホ」

いやーな空気が部屋を包み込む。せめて「ギャグでしょ」とか「ウケるんだけど」とか言ってくれれば助かるのだが、完全にシラケさせてしまったようだ。もはやこんな状況では本番などできるワケもなく…完敗っす。

残った時間を大切にしてください

まったく憎たらしいデリ嬢ではあるが、彼女の指摘も確かに正しい。いまにも死にそうな病人がラブホにいるわけないもんな。

設定を変えよう。余命を3ヶ月とし、今度はキャバクラで試すことにする。

友人も連れていった方がいいだろう。2人がかりで芝居すれば、より説得力も出るハズだ。

翌日、歌舞伎町へ。呼び込みに誘われるまま入ったキャバクラで、さっそく作戦開始だ。

「実は俺、ガンなんだよね。今日は病院に無理いって、外出許可をもらったんだ。外で遊ぶチャンス、多分もうないから…。ゴホ」

キャバ嬢たちは一様に驚きとショックの表情を浮かべたものの、まだ半信半疑といった感じである。そこで続いて友人が泣きの入った熱演をかます。

「ゴメンね、こんな暗い話して。でもコイツ…うう…余命3ヶ月を宣告されて…でもこんなに明るいだろ? ホントは今日まで点滴打ってたんだぜ。俺、信じられないよ」

場が、水を打ったようにしんみりとしだした。中にはいまにも泣き出しそうなコもいる。ここは押しの一手でいかねば。

俺は、隣でウーロン茶を用意するミサキに顔を向けた。

「あのう、今日、アフターに付き合ってもらえないかな。こんな体なんで常連にはなれそうもないけど」

「はあ、でも…」

「人生最後の楽しみにしたいんだ。ゴホ。明日病院に戻ったら、もう二度と外には出られないだろうから」

「わかりました。あと1時間で上がるので、待っててもらえませんか」

第一段階、成功だ。

約束どおり、キッカリ1時間で帰り支度を始めたミサキを連れ、近くの寿司屋へ（友人とは別れた）。

腹ペコで死にそうなのを我慢しつつ、さも食欲なさげにお茶ばかりすする一方、彼女にはバシバシと焼酎を勧める。

午前2時。店を出たところで、俺は勝負をかけた。

「今晩、一緒につきあってくんない？」

「え？」

「ホテルで泊まろうよ」

言った途端、ミサキの顔が青ざめた。ん、なんだ？

「私、怖いんです。余命３ヶ月のお客さんなんて初めてだし、そんな人の最後の思い出みたいになるのが、なんだか恐ろしいんです」

「どういうこと？」

「私よりもっとお客さんに相応しい人いると思うんです。こんなこと言うのはヒドイかもしれないけど、残った時間は大切な人と過ごした方がいいんじゃないですか？」

目が赤くなっている。めっちゃイイ子だ。それに比べて俺はなんと悪いヤツだろう。

「でも、俺、彼女とかいないし、ミサキちゃんがいいんだけどな。ゴホ、ゴホホ」

「恋人がいないからって、私を選ぶ理由にならないと思います。もっと人生を大事にしてください。ゴメンなさい」

止める間もなく、彼女がタクシーに乗り込む。複雑な心境だった。心配してくれてうれしいやら、目的を果たせず悲しいやら。どっちかと言えばやっぱ悲しいな。

人の善意につけ込むような企画は、やってはイケませんな。今さらだけど。

「裏モノJAPAN」読者投稿傑作選 本当にエロい実話MAX

山口太一郎／東京 25歳 フリーカメラマン

誓約書のサインがビンゴ！ いとこをハメ撮ってしまいました。もう親戚の集まりには出られません

投稿カメラマンになってかれこれ3年になる。街中でナンパした女をハメ撮り、出版社に投稿してギャラをもらう、例のアレである。

この業界、モデル事務所から派遣された仕込みの女を使うこともあるが、俺の場合、半数以上はガチ。自然、トラブルも多くなるわけで…。

「裏モノJAPAN」2009年11月号掲載

白百合のお嬢さんじゃ、やってくれないか

昨年8月、俺はカメラの入った大きなバッグ片手に、高田馬場駅前のロータリーに立っていた。モデルの女を捕まえるためだ。

1時間後、3人目にフラれたあたりで、1人の女が向こうから歩いてきた。歳は20代前半だろうか。清楚なルックスとチェックのミニスカがソソル。いけ！

「すいませーん、ちょっとよろしいですか？」

女が駅に向かいかけた瞬間、目の前に回り込んだ。

「実はいま、モデルになってくれるコを探してるんだよね。ちょっとエッチな雑誌なんだけど、そういうの興味ない？　ギャラも出すし、大して手間も取らせないから」

「え〜」

女が足を止めた。ギャラの話を出した途端に、すぐコレだ。軽いねー、キミ。

立ち話をするに、彼女は有名お嬢様学校の白百合女子大に通う3年生らしい。うーん、そんなお嬢さんじゃ、さすがにやってくれないか。

ところが彼女は立ち去ろうとしない。

「どんなことするんですか？　てか、いくらもらえるの？」

「興味ある？　金額はやることによって変わってくるからなー。パンチラよりは、胸チラのが高いって感じかな」

もちろん狙いはハメ撮りなのだが、あまりストレートに言うと女はどん引きしてしまう。わざと値段を濁して、交渉の余地を残しておくのもテクニックの一つだ。

「顔とか出さないし。ちゃんと目線が入るから」

「…ホントに？」

「当たり前じゃない。それにマイナーな雑誌だからコンビニにも置いてないし。バレる心配ないって」

相手が納得したところで、すかさずタクシーに押し込み、池袋のラブホに直行！

「じゃあ、いくよ。そこに足をつけてみて」

「こ、こうですか」

片足をベッドにかけさせ、スカートからパンティを覗かせつつ、下からシャッターを切る。恥ずかしそうなその表情。いいよ、いいよキミ！

「そしたら、次は上の服も脱いじゃおうか。そうそう。じゃあブラもとってみて。うん、スカートも脱いじゃおう」

彼女がパンティ一枚になった。胸は小振りながら、きゅっとくびれた腰。まさにモデル体型じゃん！

ここまで来ればこっちのもんだ。カメラをパシャパシャやりながら、ギャラアップを口実に、なし崩し的に軽〜く押し倒すだけで、あれよあれよとハメ撮りに成功した。

2カ月後、某投稿誌の誌面には2ページに渡って彼女の猥らな写真が掲載された。

4 親等は結婚しても構わないそうだけど

それからまもなく、自宅で晩メシを食ってるときに、お袋が「そうそう」と話し始めた。

「ユウコちゃんがエッチな本に出てたらしくてね。大騒ぎみたいなのよ」

「誰それ？」

「ほら、あんたのいとこのユウコちゃんよ」

そういえばそんな子もいたっけな。お袋の妹の娘だっけ。母方の親戚が集まる機会なんてぜんぜんないから、最後に会ったのは小学生のころか。確か目の丸い小さな子供だったよな。

まあまあ、エッチな雑誌に載るくらいいいじゃない。この俺だって仕事で撮影してるんだから。内緒だけど。

「ホントに白百合まで行かせてもらって、ナニやってんだかねえ」

お袋のそのつぶやきに、すかさず衝撃が走った。そういえば、この前の子も白百合だったよな。白百合がハメ撮りに応じるなんて、そうあるもんじゃない。まさか、てことは…。

慌てて部屋に戻り、パソコンを立ち上げ、デジカメの映像を確認する。あったあった、この子だ。ユウコちゃんってこんな顔だっけ。

微かな記憶をたどろうにも、どうしても顔が思い出せない。そもそも5、6歳のころの顔なんて今とじゃまったく違うだろうし。

(あ、そうだ)

撮影前にかわした誓約書のことを思い出した。免許証と照らし合わせながら本名でサインさせたはずだ。もし一致してれば…。

『坂巻優子』

ビンゴじゃん。確かにあそこの家って坂巻じゃん。てことは俺たち、いとこ同士でセックスしたってことか。これって法的に問題は…。

ネットによれば、法律上、4親等は結婚しても構わないことになっていた。ってことはセックスもノープロブレムだ。

いや、とはいえ、この後味の悪さはどうだ。ユウコちゃんはまだ気づいてないんだろうか。

ともかくこれで、たとえジイちゃんバアちゃんが死のうとも、母方の親戚の集まりには出られんな。

本当にエロい実話MAX
「裏モノJAPAN」読者投稿傑作選

岩清水アツシ／東京 32歳 フリーライター

処女に準じるウブさに違いない。テレフォンセックスで挿入してからセカンドバージンをいただいた話

「裏モノJAPAN」2010年4月号掲載

このままじゃ誰かに奪われる

2年ほど前、「ヤフー知恵袋」にこんな相談が寄せられているのを見つけた。
『彼氏ができても、怖くてエッチできません。もう何年もセカンドバージンです』
セカンドバージン。初体験のときなどにトラウマを抱え、その後セックスができなく

なってしまった状態のことだ。ＡＶの影響で乱暴に扱う男が増えたせいか、最近はこういう女性も多いと聞く。

どこか心がざわついた。本物の処女にはかなうまいが、セカンドバージンってのもかなりのウブっ子に違いない。優しく開発してやれば肉欲のトリコになっちゃうのでは。

「ヤフー知恵袋」では、ヤフーのメアドをそのままハンドルネームにしている初心者が多い。試しに直メを送ってみるか。

〈前の彼女も同じセカンドバージンでした。勝手ですがユミさんのご相談にも乗れると思います〉

やってみるものである。これがまんまと届いてしまったのだ。

〈メールありがとうございます。文面からアツシさんの人柄が想像できて、嬉しかったです〉

そこからは1日1通ほど、他愛のない雑談をくりかえした。彼女はユミ、21歳。セカンドバージンになったのは、中2のときの初体験があまりに痛かったからだとか。バカモン、最初は誰だって痛いんだよ。

こうしてメールは続いたが、なかなか会うには至らなかった。なにせ俺は東京、彼女は静岡在住なのだ。なにより、会う理由もないわけだし。

地味なメール関係は半年も続いた。その間、ユミは新しい彼氏を作ってはエッチできずに別れることを繰り返しているようだった。のんびりしてられん。このままじゃそのうち誰かにセカンドバージンを奪われてしまう。

対面したおかげで会話がスケベに

さすがにシビレを切らしてウソをついた。

〈今度、仕事で静岡に行くので、お茶でもしましょうか〉

なぜ顔も知らない女のためにここまでの労力を使うのか。我ながらあっぱれな性欲と言うしかない。

〈本当？　なんか恥ずかしいけど、待ってます〉

待ち合わせの駅前にユミはやってきた。常盤貴子を崩しに崩したような女だ。薄幸そうな表情が、いかにも性の悦びを知らぬ女っぽい。だからこそソソる。

しかし喫茶店ではメールの延長のような会話しか交わせなかった。共に緊張し、小一時間でさよならとなってしまったのだ。

結果的にはこれでよかったのかもしれない。一度の対面は2人の関係を変え、以降のメールや電話でのやりとりがすごくスケベになった。

「二人エッチできないなら一人エッチしなくちゃね（笑）」

「そうですね」

「今ちょっと触ってごらん」

「はい…」

痛みを恐れるセカンドバージンでもさすがにクリちゃんは感じるようで、テレフォンセックスで「たっぷりツバをつけて撫でてごらん」と誘導すれば、ユミは悶えながら従った。

こうなれば、後の展開のため、セックスそのものの恐怖心も取り除いてやりたいところだ。といっても電話上の話だが。

「じゃあ今日は俺のチンチンを触ってみようか」

「はい…」

「どう？　どんな感じ？」

「大きいです」

「じゃあ脚を開いて。入れるよ？　痛くないからね」

「はい…」

「ほら入ったよ。痛い？」

「ううん、大丈夫です」

当たり前だ。テレフォンセックスなのだから。

何年もヤッていないと、処女と同じ感覚

前回からひと月も置かずに、また俺は静岡へ向かった。電話でのエッチを繰り返した後で、「男のカラダに慣れる練習をしよう」と提案すると、ユミはあっさり受け入れてくれたのだ。

ラブホテルに入り、隣に座って肩に触れる。

「大丈夫？」

「うん。ちょっと恥ずかしい」

しばらく撫でた後、今度は二の腕に。

「ココは？」

「大丈夫…」

さらに首に手を伸ばし、だんだんと胸に手を…。

「ちょっと怖いかも」

「少しだけガマンしてみよう」

　ボリュームのない胸に優しく触れ、30分ほどその状態をキープ。だいぶ慣れてきたところで、勃起したチンコを見せる。

「ちょっとだけタッチできるかな？」

　ユミは無言でチンコに手を伸ばし、一瞬触れてすぐに離した。

　今日を逃したら後はない。俺は思い切ってパンティの中に手を入れた。少しだけ濡れ

ているのが確認できる。

「お願い、ゆっくり、ゆっくりしてね」

お望み通りゆっくりゆっくりとクリトリスを触る。どんどん濡れてきた。

「挿れるね」

「痛くしないでね…」

亀頭をマンコに沿わせ、数ミリずつ侵入していく。なかなか入っていかない。これがセカンドバージンか。

なんとか亀頭まで入れてわずかに動かす。ユミは声も出さず、顔を手で覆っている。

「痛い？」

「ちょっと。でも大丈夫」

マンコはちゃんと濡れているのにキツくしまっている。やはり何年もヤッていないと、処女と同じような感覚になるんだな。

結局、感じているような素振りを一度も見ないまま、俺は勝手にユミの腹にザーメンを搾り出した。

★

これで俺に溺れてくれるのでは、との目論見は当たらなかった。その後もユミは連絡こそしてくるが、求めるのはいつもテレフォンセックスなのだ。いらんこと教えてしまったか？

匿名／21歳　匿住所

「売春は犯罪だからお金を返しなさい」エンコー相手に警察手帳を見せられずるずる言いなりになった結果・・・

今後もキミを監視しなければならない

中学を卒業してすぐ家出をしたワタシは、以来ずっとワリキリで生活を続けていた。住む部屋もない完全な家出生活だ。

20歳になった昨年の春、渋谷の出会い喫茶で指名が入った。相手は40歳くらいの普通

「裏モノJAPAN」2012年7月号掲載

のオジサンだ。

「できればコレで外出したいんだけど…」

おっさんはピースサインを見せてきた。2万もくれるんだ。ラッキー。

そのまま近くのラブホに入り、先払いでお金をもらって、ちゃちゃっとエッチを終えた。さて、もう一人ぐらい相手を見つけるかな。

あわてて帰り支度をすると、オジサンが言う。

「キミさ、いつもこんなことしてるの？」

「は？」

「売春ってのは犯罪なんだよ。オジサン警察なんだ。すぐにそのお金を返しなさい」

なに言ってんだよこのオヤジ…と言い返す間もなく、目の前に黒い手帳をかざされる。

警察手帳⁉

「とにかく、この件は誰にも言わないから、渡した2万円を返すんだ」

「でも…」

「言うことを聞いたほうがいいと思うぞ」

怖くなった私は言われるがままに金を返した。

「今後もキミを監視しなければならないから、連絡先を教えなさい」

びびったワタシはケータイ番号とアドレスを伝え、逃げるようにホテルを後にした。

オジサンからメールが来たのは、その2週間ほど後だ。

〈今週末、会えないか？　この前の件で聞かなければならないことがある〉

どうしよう。行かなかったらやっぱり大変なことになるんだろうし…。

渋谷で再会したオジサンはワタシの手をとって、そのままホテルに入っていった。

「ねえ、なんなの？　こないだはナシにしてくれるって言ったじゃん」

「捜査の一環だ。いいから服を脱いで」

そう命じると、オジサンは自分も裸になって覆いかぶさってきた。もちろんお金なんてくれやしない。

そんなことが月に一回のペースで続いた。何度も連絡を無視してやろうと思ったけど、やっぱり逮捕されるのは怖かった。

一軒家に住めばいいし貯金もある

ここまで読んだところで、『どうせ警察を装った男にダマされた女だろ』と思われたかもしれない。ニセの警察手帳を信じたバカ女の話だと。

実際、「裏モノ」編集部にこの話をしたときも

「そういうのはあまり珍しくないねぇ」

と、途中でさえぎられかけたほどだ。

違うんです。まだ続きがあるんです――。

出会って半年が過ぎたころからオジサンからのメールがだんだん増えてきた。以前は会う直前に呼び出されるだけだったのに、頻繁に恋人同士のようなメッセージを送ってくる。

〈また会えるのを楽しみにしている〉

〈なにか欲しいものはないか？　今度会うときに持っていく〉

意図がよくわからない。これも捜査の一環とかいうやつ？

そして年末、クリスマス前。

〈25日、また渋谷で〉

当日、待ち合わせ場所に、花束を持った人が近づいてきた。オジサンだ。

「なにそれ？」

「まあ、とりあえず腹ごしらえをしよう」

いつもはラブホに直行するのに、高そうなレストランに連れて行かれた。

「いままで本当に悪かった。でもキミのことを好きになってしまったんだ」

「え?」

「一軒家を買ったばかりだからそこに住めばいいし、貯金もある。欲しいものはなんでも買ってあげられる。だから結婚してくれ」

何が起こっているのか、さっぱり理解できない。結婚? ワタシと?

渡された花束の中には、丁寧な字で書かれたメッ

セージカードと一緒に、指輪が入っていた。この人、マジ？

普通の女なら苦笑いしながら受け流すところだろうけど、部屋もなく、将来もまったく見えないワタシにとって、一軒家で買い物し放題の生活は魅力的だった。

翌週、一緒にオジサンの実家に向かった。ご両親が笑顔で迎えてくれる。

「うちの息子なんかと一緒になってくれるんだって。本当にありがとう」

「いえ、まだ…」

「こんなヤツだけど、仕事はちゃんとしてるからな。警察は大変な仕事だけど、アナタは影でそれを支えてやってほしい」

そう、オジサンは本当に警察だったのだ。

★

ワタシたちは今年の1月に籍を入れた。21歳と46歳の年の差婚だ。

同僚の手前、エンコー女と結婚したことはもちろん秘密だし、式も挙げてないけど、いまでは約束どおり何不自由のない生活を送らせてもらっている。

つまりワタシのこの報告は、タダエッチのために警察手帳を利用していた本物の刑事が、いつしか女に情が移って結婚してしまったという実話なのです。

ちょっと面白くないですか？

乱交パーティでお世話したいかにもな某会社社長に元アイドルを抱かせてもらった男

谷口茂春(仮名)／東京 46歳

「裏モノJAPAN」2013年11月号掲載

お金持ちの世界ではタレントが肉弾接待に使われている。有名なところではアイドルのXや女優のYで…。

——みたいな話をよく耳にする。真偽はよくわからないけど興奮してしまう魅力的なウワサだ。

本記事もその種のお話のひとつである。編集部に近しい人物から根掘り葉掘り聞いた、かなり確度の高い、というか、まず間違いのない情報だ。

ただし当人の意向もあり、タレント名を詮索できるヒントは記さない。こういう世界も実際にあるんだなと知っていただくための記事だとご理解ください。（編集部）

乱交パーティで出会ったイカツイ男

その男・Aとの最初の出会いは、いまから10年以上前にさかのぼる。

当時、俺は金持ちの友人と2人で、ホテルのパーティルームを使った乱交パーティを定期的に開いていた。

高級シャンパンを飲みながら乱交を楽しむというもので、女の子は六本木などの路上でスカウトしたハイレベルな素人の女の子ばかり。

今でこそ乱交パーティ業者やハプニングバーもあるので変態遊びには困らないが、当時としてはかなり画期的なパーティで、色々な業界の金持ちや有名人などが出入りするまでになっていた。

あるとき、そのパーティにひょっこり顔を出したのがAだ。ヤクザ風のイカツイ雰囲気の兄ちゃんで、やけに綺麗なモデルのような女を連れていた。どんな仕事をしてるのか気になったが、客のプライベートは詮索しないのがルール。友人の知り合いということともあり信用することにした。

以来、Aはパーティに頻繁に顔を出し、そのたびに俺は会場の女の子をAに紹介した。女の子たちは金持ちの男を紹介されると喜んでくれたし、Aもいつもハイレベルな素人の女の子と遊べることに驚いていた。

その後、Aとはプライベートでも交友が始まったのだが、数年で乱交パーティは閉鎖し、Aとも久しく会わなかった。

元アイドルが目の前で喘いでいる

Aから久しぶりに電話があったのは、2012年の夏だ。

「谷口さん。明日さ、六本木でちょっとしたパーティ開くんだけど、谷口さんも遊びに来ない？」

「もちろん行くよ」

このとき初めて彼に何の仕事をしてるのか尋ねたら、ある会社の社長をやってる、とだけ答えてくれた。

10年ぶりに再会したAは、前にも増してイカツイ雰囲気になっていた。

「今日はセレブ連中を集めたパーティだからさ、谷口さんは都内でいくつかホテル経営してるってことにしといてね」

高層ビルのパーティ会場に入ると、すぐに見覚えのある女性がいることに気付いた。元アイドルのXだ。

Aは、俺とXを引き連れて奥の別室に入っていった。部屋の中央には大きなソファが置かれ、そこにAとXが並んで座った。そして、Aは俺の顔を見ながらズボンのベルトをカチャカチャと緩め、股間からペニスをボロリと出した。

続いてAは隣のXの頭を手で押さえ、股間に強引に押しつける。

「ちょっと、何するの⁉」

彼女は真っ赤な顔をして抵抗したが、「いいからやれよ！」とAに一喝され、素直に彼のペニスを口に含んで頭を上下させる。

「谷口さんは俺の一番の親友なんだから、心配しなくていいんだよ」

ペニスが完全に勃起すると、彼女が立ち上がり、スカートをたくし上げてセックスを始めた。

「ああ〜、ああ〜」

あまりの驚きで声も出ない。元アイドルが目の前で喘いでいる。俺は呆然とその様子を眺めることしかできなかった。

「谷口さん、この子のこと知ってるでしょ？」

「…そりゃ知ってるよ」

混乱している俺にAが続ける。

「よし、ほら、谷口さんのも舐めてやれよ」

「え…？」

「よし、しっかり舐めてあげるんだぞ」

「……」

ソファに座る俺に、彼女が申し訳なさそうに聞いてきた。

「すみません、いいですか？」

「あ、もちろんです」

彼女は俺のズボンをズリ下げて、洗ってもいないペニスをしゃぶり始めた。

「うあ、ああ…」

これはヤバイ。卒倒しそうなほど興奮したが、緊張しすぎてまったく勃起しない。

Xがペニスから口を離して俺に話しかける。

「いきなりこんなことされたら驚きますよね」

「あの、どっかで見たことがあると思うんですけど」

口をつむぐ彼女に代わって、Aが答える。

「○○だよ」

そうか、やっぱりあの○○か。わかってはいたけど、やっぱり本物だった。

結局、射精には至らずプレイはそこで終了。彼女がパンツを穿いて化粧を直し終えてから、再び3人でパーティ会場に戻った。わずか10分ほどの出来事だ。

「谷口さん、ヤッちゃっていいからね」

初めて彼女にセックスさせてもらったのは、そのセレブパーティからわずか4日後のことだ。

深夜にAから電話で、事務所にいるから遊びに来なよと誘われ、すぐに電車で向かうと、Aは会社の応接室で下着姿のXを従えて待っていた。

「あ、この前はどうも」

「どうも…」

なんとなく気まずい空気の中でXと挨拶を交わすと、Aはすぐに彼女に指令を出した。

「よし、また谷口さんの舐めてあげて。ほら、谷口さんもソファに座って」

彼女が俺の前にひざまずいてズボンを下ろし、フェラを始めた。2度目だったこともありペニスはすでにギンギンだ。

「谷口さん、もう勃ってるね。ヤッちゃっていいからね」

「ホントにいいの？」

「大丈夫だよ。な？」

彼女が口を離して「はい」と笑顔を向ける。もう我慢できない。すぐに立ち上がり、彼女のパンツをズリ下げて、立ちバックの姿勢で腰を沈めた。

結局、3分後には彼女の背中に射精してしまったが、元アイドルとの生本番は、これまで経験したことのない興奮だった。

「なんか恥ずかしいですね…」

パンツを穿きながらはにかむ彼女を見て、元アイドルと言っても普通の女なんだな、などと考えていた。

「裏モノJAPAN」読者投稿傑作選 本当にエロい実話MAX

人探し掲示板に自分の名前が。虐待されていた小学生と再会し、今ではあのころ以上の生活を

川上洋介／千葉 35歳 会社員

「裏モノJAPAN」2014年9月号掲載

昨年、ネットで興味深い掲示板を見つけた。

『勝ひろこさんを探しています。千葉出身・女性・47歳。心当たりの方いませんか？』

『塩沢広之さん51歳を探しています。痩せ型、首に薄いシミ。大切なお父さんです』

人探しの情報提供を求める書き込みがずらっと並んでいる。知らなかったけどこんな場所があるんだな。…もしかしてオレを探している人もいたりして？

単純な興味で、サイトの検索欄に自分の名前「川上洋介」を入力してみる。するとど

うだろう、一件の書き込みがヒットした。

『川上洋介さんを探しています。2002年ごろ船橋市のアパートに住んでいて、当時はファミレスで働いていました。どうしても連絡がとりたいです。ユキ・23歳』

マジかよ？　確かにその時期、自分は船橋市に住んでいて、ファミレスでバイトをしていた。つまりこれは同姓同名の誰かではなく、紛れもなくオレを指している。ってことはユキ23歳って…あの子？

脳裏に過去の記憶が蘇ってきた。

彼女の母親はネグレクト

かれこれ十数年前、船橋でオレが一人暮らしをしていたアパートの隣室に、母親と2人で住んでいる少女がいた。当時小学校の4年生。それがユキだ。

ある日の夕方、近所の公園で彼女が一人しょんぼりしているのを見かけた。

「帰らないの？」

何度か顔を合わせたことはあったが、しゃべりかけるのは初めてだった。

「お母さん心配してるよ」

「ママは昨日から旅行してるから…」

えっ、ほったらかされてんのかよ…。

「ゴハンは？」

「……ない」

「よし。おにーちゃん、ファミレスでバイトしてるから料理は得意なんだ。何か作ってあげるよ」

部屋で一緒にご飯を食べるうち、隣の状況が何となくわかってきた。彼女の母親は、育児放棄（ネグレクト）をやらかしてるのだ。

以来、オレはまめにユキにご飯を作ってやり、彼女もオレになついてくれた。

「おにーちゃん、この洗濯物たたんであげようか？」

「頼むわー」

「私、掃除もしてあげる」

「ありがと」

学校生活の相談をされたり、お祭りに連れて行ってと頼まれたり。オレとしては妹ができたような気分だった。そんな生活が2年ほど続いたろうか。

が、ユキが小6の春、別れは突然やってくる。

「うち引っ越すことになった…。ママが新しい男の人と結婚するから大阪に行くって」

久しぶりに家に行っていい？

以来10年以上も会ってなかったそのユキが、オレを探しているとは。

〈こんにちは。アパートの隣のおにーちゃん、川上洋介です。掲示板見たよ。元気にしてますか？〉

書き込みのメアドにメッセージを送ると、すぐに返事がきた。

〈おにーちゃん、超久しぶり！　ユキは今、東京に住んでるよ。会わない？〉

おぉっ！　東京にいるんだ！　再会できるなんて夢みたいだな！

そして当日。待ち合わせ場所に現れたユキは、当たり前だがグンと成長していた。

「わぁっ、おにーちゃん。マジで久しぶりなんだけど！」

見た目は、板野友美をさらにこってりしたような、いわゆるギャルだ。楽しくやってるみたいじゃないか。

ところが、居酒屋に入って近況を聞くと、いきなりドキッとした。

「今、風俗をやってんだ」

「…そうなんだぁ」

けっこう荒んだ生活を送ってきたらしい。中2のときに母親の新しい男にレイプされたとか、それが原因で家出した後、エンコーでかなり稼いだとか。子供時代を知ってる身としては何だか切ない。

関東には20歳のときに戻ってきて、現在は都内のイメクラの寮で生活しており、つい最近「人探し掲示板」を見つけたという。

「オレのことよく覚えててくれたね」

「忘れるわけないじゃん。ずーと会いたかったもん」

涙が出ちゃいそうだな。

「ユキちゃんもいろいろあったんだね」

「大人になったでしょ？」

「うん。かわいくなった」

「ヤリたい？」

「…いやいや」

さすがは風俗嬢というか…。意外とホントにヤレちゃったりして？　って、いかん、オレは何を考えてんだ。

ところが、そんなこちらの気持ちを察したのか何なのか、彼女がこんなことを言い出した。

「ねえねえ、今日はおにーちゃんちに行っていい？」

「え？」

「一人暮らしだし、彼女もいないんでしょ？　久しぶりにいいでしょ？」

結局その晩、ユキはオレの家に泊まりにきた。船橋時代とは違う、ちょっと高めのマンションに。

そしてオレは抱いた。あの泣き虫だった小学生をがっつりと。

ビックリしたのはその翌日の、彼女からの提案だ。

「私、またおにーちゃんと一緒にいたい。ここに住んじゃダメかな」

うん、そうだな。別にいいんじゃないかな。

これも生い立ちの影響なのだろうか

かくして始まった2人暮らしは、何となくの流れでオレがメシ作りを担当、ユキが洗濯や掃除係で、昔の続きをやってるようだった。

しかも、そこにセックスが加わっている。そして彼女は風俗嬢だけあってサービス精神旺盛でノリがいい。それはもう楽しい日々だ。

　そんな新生活にちょっとした変化があったのは、半年ほど経ったある日、セックス中にユキがある告白をしてきてからだ。

「私、バイなんだ」

「バイ？」

　つまり女相手でもやれるってことか…。

「そうそう。で、今よく遊んでる女のコがいるんだけど、おにーちゃんも交じって3Pしない？」

　ぶっ飛んだ話だが、これも彼女

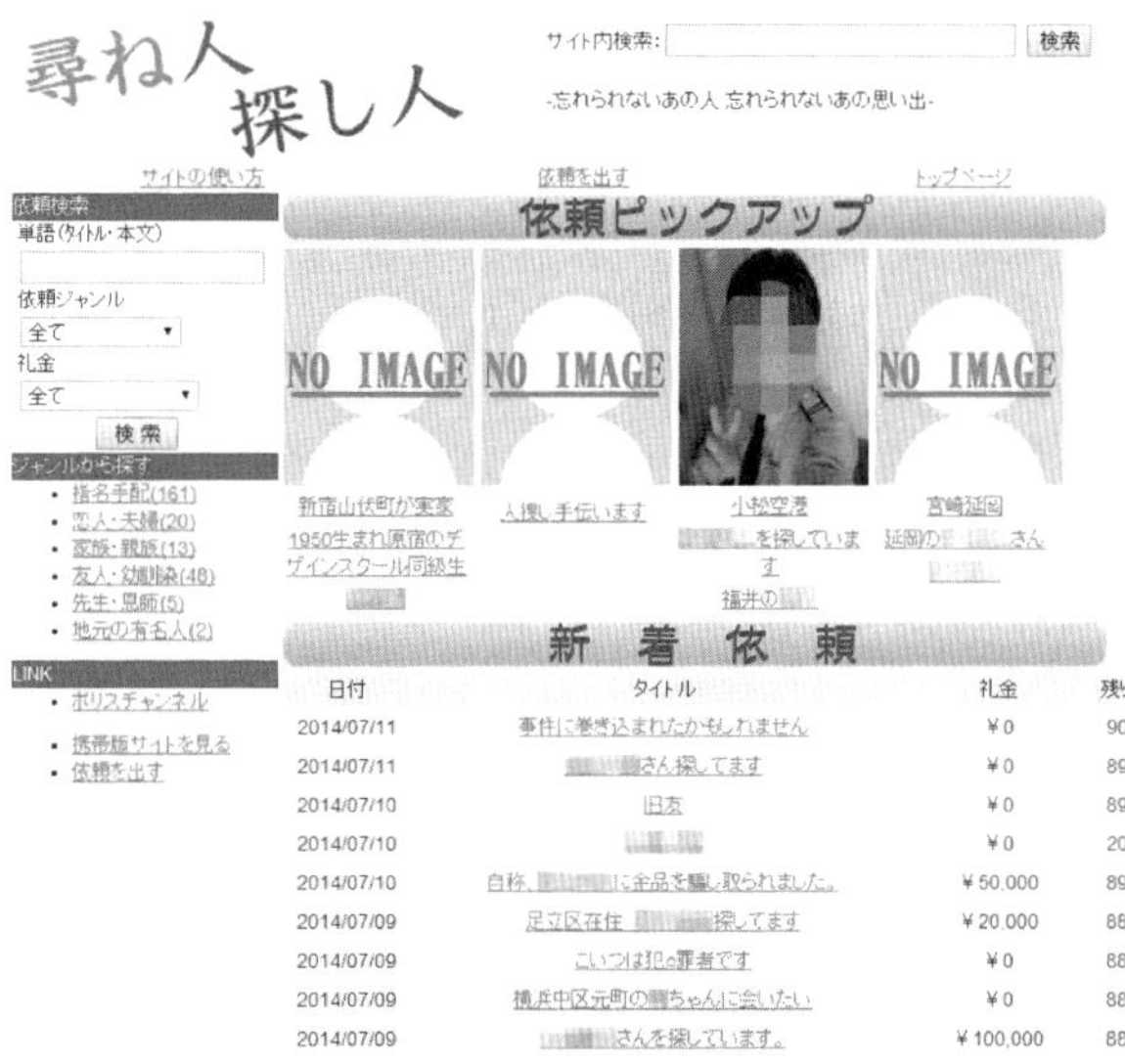

の生い立ちの影響なのだろうか。幼いころに虐待されると、性的にねじ曲がったりするもんなのかね？　よくわからんけど。

そんなわけで現在、オレはユキと一緒に暮らしつつ、ときどき彼女のツレを交えて3Pしながら楽しい日々を送っている。

「裏モノJAPAN」読者投稿傑作選 本当にエロい実話MAX

大竹孝治／東京 34歳 会社員

青山の美容院のアシスタントがデリヘル嬢になっていました。美容師さんも喜んでおります

「裏モノJAPAN」2016年2月号掲載

篠田麻里子っぽいアシスタント

かれこれ5年ほど、東京・青山の美容院に通っている。コンクリート打ちっ放しのスタイリッシュなフロアに、アンティーク調の鏡台セットが並ぶ、まあよくあるオシャレ

店だ。

お察しの通り、スタッフは若い女の子が多く、カワイイ子もわりといる。

さて本題は、3年ほど前まで在籍していた、一人のアシスタントスタッフ（髪は切らずに片付けやシャンプーをする係）についてだ。

名前は、川口さん。歳は当時でハタチそこそこくらいか。小動物っぽい小顔美人で、髪型はショートボブという、篠田麻里子っぽい雰囲気のコで、とにかくタイプだった。

「川口さんって、洗うの上手だよね。めっちゃ気持ちいいよ」

「ありがとうございます。でも、シャンプーだけやっててもしょうがないし。早く髪切れるようにならないとなぁ」

髪を洗ってもらってる最中は、頭に全神経を集中させ、「おっ、胸が当たったぞ」なんてほくそ笑んでいたものだ。

だからある日、彼女から店を辞めると切り出されたときは焦ったの何の。

「出勤は今月いっぱいまでなんですよ」

「…次はどうするの？」

「メイクとかそっちの世界に行こうと思ってます」

他の店に移るなら追っかけようかとも思ったけど、メイクの世界じゃムリだよな。

髪の毛ではなくシモの毛を中心に

それから3年、2015年の春のこと。ネットで見つけた都内のデリヘル業者で、一人の女の子を指名した。

「カナさんって子。今からお願いしたいんですけど、大丈夫ですかね？」

店のホームページの写真にはモザイクがかかっていたが、美人っぽい感じだし、スタイルも良さそうだし、アタリだろうと踏んだところ…。

部屋のインターホンが鳴り、ドアを開けた瞬間、ギョッとした。目の前に立っていたのが、川口さんだったからだ。マジかよ！

「…いやぁ、びっくりなんだけど。川口さんだよね？」

「あ──！」

メイクの世界に飛び込んだはずの彼女だが、どこをどう間違ったのか、こんなアルバイトに精を出しているなんて。

「メイクのほうは辞めたの？」

「あー、やってるんですけど、まあ色々あって…」

深く詮索はするまい。もう二度と会えないだろうと思っていた川口さんが、いまヌキ嬢として目の前にいるのだ。機嫌を損ねられても困る。

彼女がそそくさと服を脱ぎ始めた。小ぶりの胸が現れる。こんなおっぱいしてたのね！あ〜、青山の美容院でてきぱき働いていたあの子が、大胆に裸体をさらしているなんて。ありがたや、ありがたや。

風呂場では、髪の毛ではなくシモの毛を中心に洗ってもらい、ベッドでは濃厚なフェラ。シックスナインで奇麗なマンコが現れたときは涙が出そうになった。

話はまだ続く。

その後、青山の美容院で、いつも髪を切ってくれている男性美容師に、このできごとをこっそり漏らしたのだ。

「え、川口って、ウチにいた川口ですか？」

「そうそう、あの子」

「へー、信じられない！」

驚きつつも彼は興味津々の様子で、彼女の勤務先と源氏名を尋ねてきた。指名するつもりなのか！

★

そして今、美容院にいくたびに、彼と俺は秘密を共有する者同士の微妙な空気の中で、短い時を過ごしている。

どうやら彼、あれから何度も指名しているようだ。おしゃれ美容師だって男なんだな。

「裏モノJAPAN」読者投稿傑作選 本当にエロい実話MAX

バイト採用した女子大生と10年ぶりに再会したのは飛田新地の2階でした

石田芳男／大阪 45歳 会社員

「裏モノJAPAN」2016年7月号掲載

10年前。俺は飲食系の会社員として働いていて、とある大型カフェの店長に昇進したばかりだった。

店長になるとバイトの面接も任されるようになる。その年の春、高校を卒業したばかりの女の子たちが、大量に面接を受けにきてくれたのだが、そのとき採用された一人が、恵子ちゃんという髪の長い女の子だった。

彼女は地元の大学に入学が決まったばかりの18歳で、顔は若いころの加藤紀子似の健康美人。高校時代は陸上部に所属していたらしく、背は小っちゃいけど胸はそこそこあり、何よりも足腰が筋肉質でお尻がプリッとしていた。私はそんなプリケツな女子が大好きなのだ。

店のバックヤードには従業員用の休憩室があり、いつもお店で出すケーキなんかを食べながら、従業員同士で話をしている。彼女は毎日が楽しくて仕方がないといった様子で、「今度合コン行くんですよ～」などと笑顔で語る、希望にあふれた健康的スポーツ女子だった。

暇を見つけては「可愛いな～ヤラせてくれや！」などとセクハラ発言をかましても、「絶対イヤですよー、妻子持ちなんて！」と笑って答えてくれる気さくなキャラで、俺は内心本気でヤリたいと思っていたが、まったく相手にされていなかった。

結局、恵子ちゃんは、他の学生バイトたちと同じように、半年ほどで辞めていき、大勢のアルバイト嬢の中の一人という程度の印象のまま、記憶から消えていったのだった。

どっかで見た気がするけど

時は移って、２０１６年の４月中旬。休日の昼下がりに、大阪が誇るちょんの間街、飛田新地を闊歩していたときのことだ。

いつものように嬢を物色しながらグルグルと路地を回っていたとき、ふと目が合った嬢に見覚えがあった。

（あれ？　どっかで見た気がするけど、誰やったっけ？）

風俗嬢との出会いは一期一会。何か感じるものがあったときはすぐに決めるのが俺の信条だ。今日は彼女に決定だ。

やり手婆さんに代金を払って2階のヤリ部屋へ。

世間話をしながら、ひと通りのプレイを楽しんだ。顔はタイプやし、フェラも丁寧。何よりもプリプリの腰回りが最高にエロい。

プレイが終わって、雑談していると、何となく出身地の話になった。

「どちらからいらしたんですか？」

「俺？　○○やけど」

「えー珍しいですね。私も○○なんですよ」

「え、ホンマに？」

聞けば出身校も近い。ひょっとしてこの子…。

「ずっとその髪型なん？」

「いえ、若いころはものすごい長くて腰ぐらいまであったんですけど、大学のときにショートにしたんですよ」

「そうなんや。ひょっとして陸上部とかやった？」

「やってました！　よくわかりましたね」

間違いない、この顔、ようやく思い出したで。彼女、昔バイトで来てくれた恵子ちゃんや。当時に比べ、身体はだいぶユルユルになったし、身体には妊娠線もある。おそらく子供もいるんだろう。引っ越したってことは旦那と別れたのかもしれない。

が、あのときの店長だということは黙っておこう。彼女も気まずいだろうし。

なんと、もう気づいてたんかいな！

その夜、家に帰ってからも俺の股間はビンビンになっていた。バイトの恵子ちゃんと、ついにハメてしまったのだから。

次の週末、また飛田の彼女に会いに行った。

「こんにちは。また来てもうた」

「あー嬉しい。ありがとうございます」

「実はね、俺、キミのこと知ってるかもしれへんねん。○○でバイトしとったやろ？」

「あー、はい。店長さんですよね？　覚えてますよ」

なんと、もう気づいてたんかいな！　えらいサッパリした子やな。

お互い、素性を確認してからのプレイは、前回よりも凄まじかった。

ローション無しでも彼女の股間はヌレヌレで、ゴムも付けずに入れさせてくれたうえに、「そのまま出して…」と中出しまで。あのときのあの気持ちがこんな形で成就するなんて…。

「ヤラしてくれって冗談で言うてたの覚えてる？」

「覚えてますよー。セクハラオヤジや思ってたけど、そこそこ嬉しかったし」

★

以来、俺は週一のペースで恵子ちゃんに会いに行っている。そろそろセフレになってくれへんかな。

「裏モノJAPAN」読者投稿傑作選

「この舌の動き、マスターしとけよ」LINE誤爆のおかげで取引先の女の子のフェラ歴を知る

崎田俊介／東京 37歳 会社員

俺の仕事の取引先の営業担当に、佳子ちゃんという20代半ばの女性がいる。超絶美人というほどじゃないが、礼儀正しく古風な雰囲気で、色白好きの俺としてはドストライクの女の子だ。

何度か仕事の打ち合わせが終わったタイミングで食事に誘ったこともあるが、警戒されているのか応じてもらったことがない。

かろうじてＬＩＮＥでつながってはいるので、仕事関連のメッセージを送りつつ、隙

「裏モノJAPAN」2016年11月号掲載

あらばプライベートな話題に触れているが、彼女、根が真面目なのか、冗談を言っても
かしこまった返信ばかりで、どうにも盛り上がりに欠ける。
こんな知人女性、みなさんの周りにもいるのでは？

この舌の使い方、マスターしとけよ

さて、俺には2年ほど前に出会い系サイトでつかまえた、20代前半のセフレがいる。ちょいポチャの不細工ながら、何でも言うことを聞くドMだけに使い勝手のいい女だ。

こいつに俺はしょっちゅうフェラ動画を送りつけては、「自主練しておけよ」と命じていた。舌の使い方、手の動きに特徴のある動画をあらかじめ見せておき、ホテルで練習の成果を披露させるのだ。フェラを仕込むにはこれが一番手っ取り早い。

そんなある日、またしても濃厚なバキュームフェラ動画を見つけたので、URLをコピーしてＬＩＮＥでセフレに送ろうとした矢先…。

〈この間の件ですけど、いつ伺えばよろしいですか？〉

佳子ちゃんからだ。

〈いつでも大丈夫だよ〉

〈それでは来週の火曜日はどうですか？〉

こんなやりとりを終え、ようやくセフレにＵＲＬとメッセージを送信！

〈この舌の使い方、よく見てマスターしとけよ〉

あ、ヤバイ！　誤爆した!!　佳子ちゃんに送っちゃったよ!!

こういうの、よくさせられてましたよ

送ってしまったものは仕方がない。どうにかフォローしないと…。スマホ片手にオロオロしていたら、ピロン！　とスマホが鳴った。

佳子ちゃんからの返信だ！　うわーどうしよう！

〈サキタさん、こういうのが好きなの？〉

あれ？　なんだこの反応？　動画を見てくれたのか。まあいいや、とりあえず謝っておこう。

〈佳子ちゃん、ごめんね！　間違って送信しちゃいました(>_<)〉

〈だと思ってました（笑）大丈夫ですよ〉

え、なになにコレ。下ネタで引っ張れる感じ？

〈オレ、実はああいう感じの動画が好きで、たまに見てるんだよね。佳子ちゃんも見たりする？〉

〈うーん、動画とかは見ないけど、こういうのよくさせられてましたよ〉

はぁ？　佳子ちゃん何言ってるんだ。させられてた、だって？

〈それは彼氏に？〉

〈前の彼氏がそういうの、ものすごい好きな人だったから〉

一気に興奮してきた。どう見ても古風な彼女が、フェラをさせられまくってたのか？　くぉー、タマらん！

〈最初はイヤだったけど、だんだん喜んでくれるのが嬉しくなってきて…。って感じかな？〉

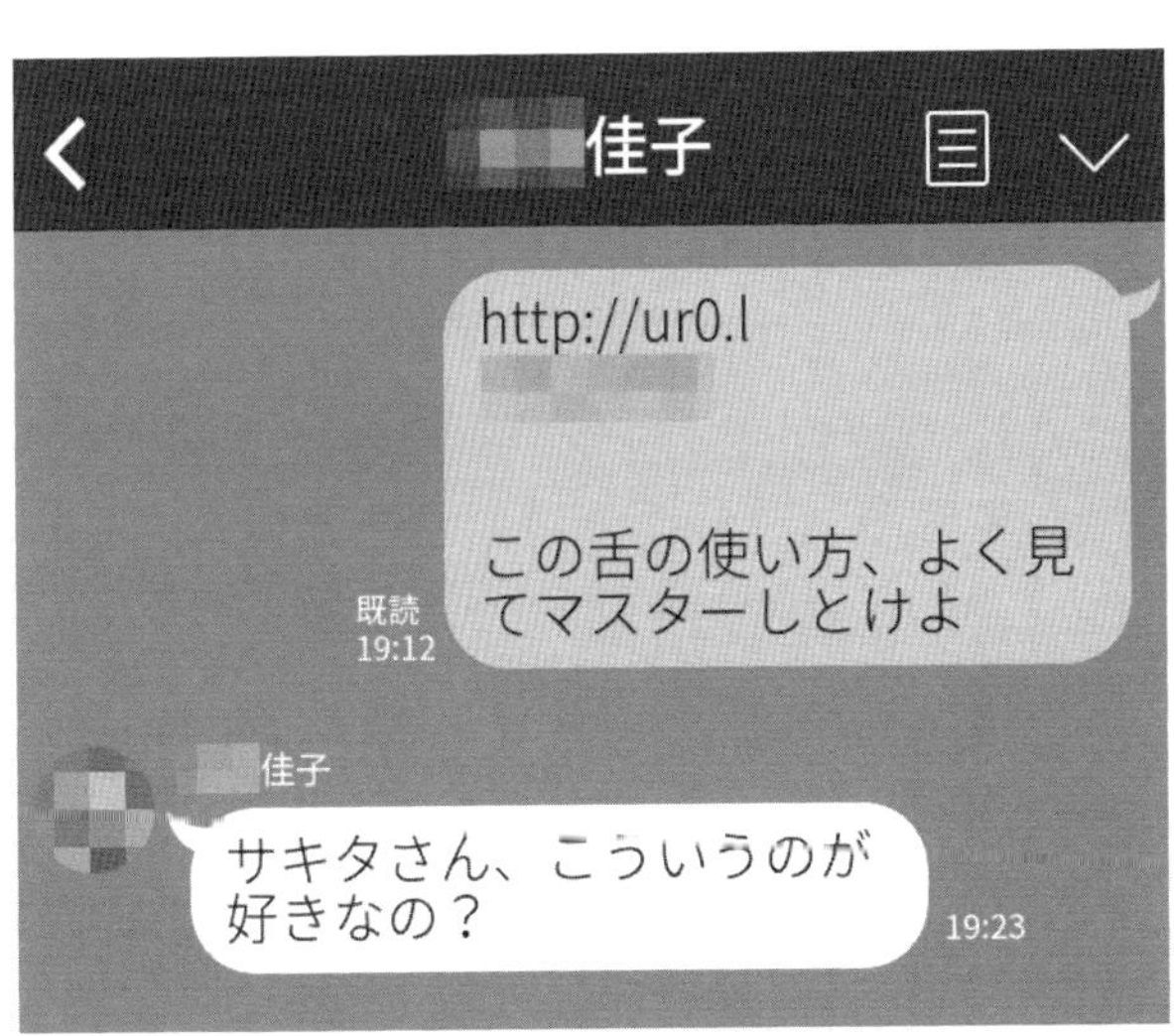

その夜はこのまま1時間ほどフェラ談議に花が咲いた。彼女の舌の動きを想像してヌイたことは言うまでもない。

★

話はここで終わる。このフェラLINE以来、一度もLINEはしていない。

が、仕事で顔を合わせるたび、このおとなしそうな子がイラマチオや精飲をこなしてたんだと妄想できるこの喜びたるや。

誤爆して良かった〜。

「裏モノJAPAN」読者投稿傑作選

5分5千円のキス援交で濃厚なベロチューをかましたらなぜか恋人へと発展した話

大友信也／東京 32歳 会社員

「裏モノJAPAN」2017年5月号掲載

シロートの方が楽しいに決まってる

キスに始まり、射精で終わるセックスの流れのなかで、俺が重視しているのはファーストステップのキスだ。

あの、舌と舌がねっちょりと絡み合う行為には、フェラや本番では味わえない独特の淫靡さがある。それがもうタマらないのだ。この意見に共感してくれる男性はきっと、多いのではないか。

そんなワケで当然のように、キス専門のフーゾク店に足しげく通っていた俺なのだが（長らく恋人ナシ）、ある日、ふとナイスなアイディアを思いついた。出会い系でキスの相手を募集してみるってのはどうだろう。

キスプレイの長所は、何といっても恋人気分を堪能できることにある。ならばフーゾク嬢より、シロートのワリキリ娘のほうがより楽しいに決まってる。

さっそく、複数の出会い系サイトにこんな募集文を書き込んでみた。

〈5千円でキスさせてくれる人いませんか？　所用時間は5分ほど。キス以外にエッチなことは一切しません〉

本番どころかフェラや手コキも要求せず、おまけに拘束時間も極端に短い。にもかかわらず5千円も提示するなんて払い過ぎと思うかもしれないが、キスプレイというのは女にとって、男が考えるよりずっとハードルの高いものらしいのだ。これでなんとか釣り上げられればいいのだが…。

投稿から30分、ようやく一通のメールが。

〈募集の件、興味あります。お会いできますか？〉

その後もしばらく待ってはみたが、他に応募メールが届く様子はない。ではこいつに決めるとしよう。

「…キス、上手いんですね」

待ち合わせ場所に現れたのは、顔も服装も地味な雰囲気の女だった。年のころは27、28歳。決して当たりとは言えないスペックだが、清潔感がある点は好感が持てる。不潔な女じゃキスする気も起きねえしな。

「あ、どうも。じゃさっそく行きましょうか」

「はい」

ホテルへの道すがら、何気なく尋ねてみる。

「出会い系でよく人と会ってるの？」

「いえ、どうしてもお金がピンチのときだけなので、実はこれが2回目なんです。事務のお仕事をしてるんですけど、お給料がホントに少なくて」

つつましく微笑む彼女の姿に、またも好感度が上がった。しかもエンコー2回目だなんて、ほぼ完全なシロートさんじゃないですか！

ホテルに着いてすぐ、プレイを開始した。まずは小鳥のような軽いキスから。チュッチュッとリズミカルに唇を重ねていると、次第に彼女の口が開いてくる。そこでようやく、ぬるりと舌を中へ。

はじめは微動だにしなかった彼女の舌が、俺の激しい舌使いに合わせるよう、大きく旋回をはじめた。絡み合う舌と舌。こぼれだす吐息と吐息。この官能的な状況こそキスプレイの醍醐味ってやつだ。ああ、気持ちいいなあ。

ふいに彼女の背中がビクッと震えた。

「どうしたの？」

尋ねると、彼女は半分だけ目を開いた。

「…キス、上手いんですね」

日ごろからキス好きを自認しているとはいえ、あらためて誉められるとテレるもんだ。熱烈なベロチュウをかましながら、自家発電で気持ちよく果てたのは、それからしばらくのことだった。ふう。

「なんか好きになっちゃって」

ホテルを出たところで、自然と言葉がもれた。

「もしこの後、予定ないなら軽く飲みに行かない？　もちろんオゴるし」

射精後に、俺がワリキリ娘を飲みに誘うなんて初めてのことだ。キスに特化した濃厚プレイの余韻が、そんな気分にさせたのか。

彼女はごく簡単に答えた。

「あ、はい。じゃ飲みに行きましょう」

その後の2時間は、特にここで書くべきようなことは何も起きていない。ただフツーに世間話をして盛りあがり、フツーにおいしく酒を飲んだだけの話である。

想像もしてないラッキーが起きたのは、居酒屋を出てからすぐのことだ。

先ほどの射精から十分にインターバルが空き、またアルコールも入ったせいで、無性にムラムラしてきた俺は、思わず彼女にこう言った。

「もしよかったら、今からホテルに入らない？」

「え…」

「うん、なんか好きになっちゃって」

「…別にいいですけど」

わお、いいんだ！

結果から言うと、コレが彼女と交際する直接のきっかけになった。そう、2人は恋人関係になったのだ。

★濃厚なキスってのは、たとえ最初はイヤイヤであっても、どういうわけだか恋心のようなものを芽生えさせるらしい。

恋人がほしいのになかなかできないアナタ。いっそキス援交にチャレンジしてみるのもアリじゃないでしょうか？

あまりに危険な相手だが…。嫁のママ友を喰うチャンスは息子が卒園する今しかない！

柊木まさお／群馬 32歳 会社員

「裏モノJAPAN」2017年6月号掲載

２０１７年３月、息子が保育園の卒園を迎えたのを機に、オレのなかで長年くすぶりつづけてきた願望に火がついた。

息子の友人の母親、いわゆるママ友のひとりを口説き落とし、体をいただきたいという禁断の誘惑にかられたのだ。

子供の卒園こそ口説きのチャンス

仮にそのママ友をE子としよう。彼女とオレの嫁は、保育園では同じママ友の仲良しグループのメンバーで、互いの子供が保育園に入った当初からの長い付き合いだ。

その流れで、自然、オレもE子とはそれなりの関係性を築いてきた。

たとえば互いの家族同士で食事会をしたり、オレが息子と公園へ遊びに出かける際、ついでに彼女の息子を預かって、一緒に連れていくといったようなことはこれまで何度もあったわけだ。そんな経緯から、彼女の連絡先もちゃっかりとゲットしている。

E子は手足の長いモデル体型で、顔も切れ長の眼と薄い唇が印象的な和風美人。ハッキリ言って、これほどまでにソソる人妻もそうはいない。

これまでもアプローチを仕掛けたい衝動に駆られたことはたびたびあったが、寸前のところで思いとどまってきたのは、もちろん、嫁バレが死ぬほど怖かったからだ。

しかし子供たちが卒園すれば状況も変わる。オレの息子とE子の息子は4月から別々の小学校に入学する。これまでいくら仲良くしていても、子供同士が疎遠になれば親たちの交流も次第に薄れていく。ママ友の仲間意識なんて所詮そんな程度だろう。

そう、ついに彼女を口説くチャンスが到来したのだ！

え〜何それ。冗談やめてよ〜

ではどのように攻めるのが正解か。いろいろと策は頭に浮かんだが、結局ストレートに迫るのがベストと考えた。キミのことが好きだったんだ、抱かせてくれと。

一歩間違えれば大災難だ。が、たぶん上手くいくはず。てか、上手くいってくれ！

腹をくくって、まずはこんな文章をＬＩＮＥで送った。

〈こんにちは。折り入って相談したいことがあるんだけど、ちょっと時間取れないかな？ できればメシでも食いながら話したくて。あ、オレからＬＩＮＥがあったことは嫁には言わないでね！〉

１時間後、返信が。

〈急にどうしたの？　まさか●●ちゃん（嫁の名）と大ゲンカしたとか？　とりあえず今週末は予定ないからお昼でも一緒に食べる？〉

突然の申し出に驚いたようだが、警戒しているふうには見えない。よしよし。

ランチ当日、地元から少し離れたレストランに現れたＥ子は笑顔を見せた。

「どうしたの、いったい。ビックリしちゃったよ」

「ああ、ゴメンゴメン。まあ、要件は追々話すからまずは注文しちゃおうよ」

「そうだね」

それからしばらくは雑談に終始し、食事が終わりかけたタイミングでいよいよ本題を切り出すことに。

「あのさ、例の相談なんだけど。実はオレ、ずっと前からE子ちゃんのことが好きだったんだよね」

冗談めかして彼女が言う。

「え〜何それ何それ。もう、冗談やめてよ〜」

「いや、マジなんだけど」

E子、今度は一転、真顔だ。

「そういうこと言っちゃダメだよ。お互い大事な家庭があるんだから。もう帰ろ、ね？」

ガーン。こりゃダメか？

舌をかき回すと抵抗は止まった

肩を落としてレストランを出たオレは、自分のクルマに乗り込もうとするE子にダメ元で声をかけた。

「ちょっとオレのクルマに乗ってくんない？　あとちょっとだけ話をさせてよ」

「えー、でも…」

「お願い！」

半ば強引にE子を押し込んだオレは、近くの公園のパーキングへクルマを移動した。サイドブレーキを引き、あらためて話を始める
「オレの気持ち、どうしても受け入れられない？」

「だから、さっきも言ったじゃん。私たちには家庭があるんだよ？　それを壊すようなことはできないって」

にわかに光明が見えた気がした。この発言、都合よく解釈すればこういうことではないか？　家庭が崩壊しないという確証さえ与えてやれば、オレとの浮気もやぶさかじゃないってことでは？

ならばこうだ。

「子供たちも卒園したことだし、たぶんオレたちが顔を合わせる機会もなくなっていくと思うんだ。だから最後のチャンスだと考えて告白したんだよ。お願い、今日だけでい

いから。オレだって家庭は壊したくないし」

言い終わるや否や、E子の体を引き寄せ、唇を奪った。強引に舌をねじ込み、そのまかき回す。

こちらの気持ちをようやく汲んでくれたのだろう。やがて、彼女はパタリと抵抗を止めたのだった。っしゃー！

★

その後ホテルに移動し、念願の女体を味わった。すすり泣くような喘ぎ声、騎乗位で自ら腰を振りまくる貪欲さ、どれをとっても最高の思い出だ。

少し寂しいのは、あの一件から現在まで、彼女から何の音沙汰もないことだ。もしかして不倫関係を続けられるのではと期待したものの、E子はそこまで望んでいないらしい。

高校の同級生が美容師に。しかもレズ疑惑あり。プレイの様子を知りたい！

増田翔太／埼玉 69歳 会社員

「裏モノJAPAN」2017年9月号掲載

レズビアンは美容師になる人が多い

今年の春、地元で高校時代の同窓会が開かれ、15年振りに旧友たちと再会することになった。

一次会を終え、二次会の居酒屋に移動したときのこと。たまたま隣の席に座っていたのが、クラスメイトの知子だ。

「ホント久しぶりだね。知子っていまどこいるんだっけ？」

「ずっと埼玉だよ。美容師やってる」

「へ～、美容師やってたんだね」

学生のころからポテッとした感じだった彼女は、決して美人ではない。というか、むしろブサイクの部類だ。美容師といってもシャレた雰囲気はなく、どちらかといえば理容院のオバちゃんのような感じだ。

その場では軽い近況報告をした程度で終わり、別の席に移動したのだが、そこで別の女から、知子に関する興味深い話を耳にした。

「知子さー、私の家に何人かで泊まりに来たとき、部屋でザコ寝してたら、めっちゃ私の胸を揉んできたんだよね。キスもされたし。あれはマジで焦ったよね～、キャハハ」

笑い話として披露してくれたそのエピソードを聞いて、俺はピンときた。ひょっとして、知子ってレズじゃないか？

レズビアンは「女性の頭や髪の毛が触れる」という理由から、美容師になる人が多いという話を聞いたことがある。

それと、これはなんとなくそう思う程度の話だが、彼女を見ていると、服装や顔、全体的な雰囲気が、なんとなくレズを彷彿とさせる。

クリちゃんも吸い合ったよ

高校のクラスメイトにレズが1人いるぐらい、どうってことない話だけど、女同士でどんなセックスするのか、という興味がふつふつと沸いてきた。

作戦は決まった。俺のセフレ（28歳・なんでも言いなりになる女）を客として知子の美容室へ送り込むのだ。

「っつーわけでさ、○○って美容室にその女が働いてるのよ。ヘアトリートメントとかしてもらって、口説いてきてよ」

「面白そうじゃん。いいよ」

というわけで、ここから先はすべて、後日、セフレから聞いた話になるが、結論から言うと、やはり知子はレズで、きっちりレズプレイをかましたらしい。

ヘアマニキュアをオーダーし、世間話からさりげなく粉をかけたところ、知子はあっさりと食事の誘いに乗ってきた。

その2日後、新宿で再会した2人は、ワインバルで飲みながら食事をし、2軒目のバーでさらにカクテルを2杯。店を出るころには、手に指を絡めるようにしてラブホテルへ入り、コテコテのレズプレイへと突入したらしい。

「彼女はタチみたいでさ、けっこうリードしてくる感じだったよ。一緒にお風呂に入って洗いっこしたんだけど、めっちゃヌルヌルになってた」

「マジカよ！　そんでそんで？」

「ベッドでお互いの体中をキスして～、クリちゃんも吸い合ったよ。彼女のクリ、めっちゃ大きかった」

うーん、元クラスメイトのレズ話は、やっぱエロいな。予想以上の大収穫に、大満足の俺なのであった。

真面目そうに見えるけどオナニー三昧。会社のOLのエロ裏垢を発見してから毎日が楽しくてタマりません

園田幸夫／東京 30歳 会社員

「裏モノJAPAN」2018年5月号掲載

アカウントはユキの「裏垢」だった

オレの会社にユキという一つ年下の同僚の女がいる。ブスではないが特別美人というわけでもなく、地味とは言わないまでも特別目立つキャラでもない。彼女とは席も遠いので雑談を交わすこともほとんどないし、特別好意を抱いたこともなかった。

とはいえ、仕事振りはいたって真面目だし、スーツ姿で社内を歩く姿はそこそこ様になっている。彼女の部署に来客があれば、上司に付き添って応対してるようだし、器用に仕事もこなせるんだろう。

ある日のこと、そのユキがたまたま急な来客か何かで席を離れたタイミングに前を通りかかったとき、机の上に置きっぱなしになったスマホが目に留まった。

ツイッターの画面だ。へー、彼女、ツイッターなんてやってるん…えっ⁉

思わず自分の目を疑った。隅に小さく表示されたツイッターのプロフ写真に、女の胸の谷間のアップが使われていたのだ。これはもしや…。

すぐに周囲を確認しつつプロフ写真を指先でタッチ。アカウントの文字列を確認してすぐに元の画面に戻すと、オレは素知らぬ顔で席に戻った。

すぐにさっき記憶した文字列をネットで調べたところ、案の定、あのツイッターアカウントはユキの「裏垢」だった。

「裏垢」とは、正規のアカウントとは別の裏のアカウントのことだ。世の多くの裏垢女子たちと同じように、彼女も赤裸々なエロツイートを呟いていたのだ。

『どうしよう、仕事中なのにエッチしたくてムラムラしてる〜　#裏垢女子　#エロ垢　#仕事中』

『セフレ欲しい！　なんなら3人ぐらい欲しい！　#裏垢女子　#エロ垢　#セフレ』

呟きを遡って見ていくと、ユキはおよそ半年間に渡って複数のエロツイートを投稿していた。

さすがにマンコ写真はなかったが、風呂上がりにベッドの上で撮ったらしい下着姿や、生オッパイの写真まであった。けっこうキレイな乳首してるじゃないか。エロいぞ！

写真に写り込んだ髪の毛や首元の雰囲気、体型からして、このアカウントがユキのものであるのは間違いない。あんな澄ました顔して、こんなエロい呟きをしてたなんて…たまらんぞ、オイ。

彼女はツイートにハッシュタグまで付けていて、すでに100人以上の男たちからフォローされている。そこそこ人気の裏垢女みたいだ。

オナニーした次の日は明らかに血色がいい

それからというもの、ヒマさえあれば彼女の呟きを覗き見るようになった。

驚いたことに、ユキはほぼ毎日のように裏垢ツイートを繰り返していた。そのほとんどが夜、寝る前にムラムラしたタイミングのようで、週に3、4回、オナニーしていることも判明した。性欲強すぎだろ。

　しかも、彼女のことをよく観察してみると、オナニーした次の日の朝は、普段よりも明らかに血色がいいとい

うか化粧のノリがいいというか、なんとなく肌ツヤがいいのだ。彼女、ものすごく性欲が強いんだと思う。

が、何より興奮するのは、週に1、2回程度つぶやく仕事中のエロツイートだ。

ある日、自分のデスクで昼ごはんを食べていた彼女がスマホに文字を打ち始めたので、裏垢を覗いてみると…、

『帰ったらオナニーしよっと～　#オナニー　#裏垢女子　#エロ垢』

あんな普通の顔して、しかもサンドイッチを頬張りながらオナニーのこと考えてたのかよ！

またある日には、彼女が来客の対応を終えて戻ってきたタイミングでこんなツイートを。

『今日は結構タイプのお客さんだったから嬉しい！　どんなちんちんしてるんだろ～

#裏垢女子　#エロ垢』

ユキちゃん、キミはなんてスケベなんだ。今まで気にも留めていなかった彼女のことが、すっかり好きになってしまった。

彼女がこんなにスケベだってことは、まだ会社の誰も知らない。近々どうにかアプローチして、一回ぐらいは身体の関係に持ち込みたいと思っている。

「裏モノJAPAN」読者投稿傑作選 本当にエロい実話MAX

お母さんのお相手だけならまだしも…家庭教師が次々と辞めてしまうナゾの生徒を受け持ったら

沢柳洋一／埼玉 23歳 大学院生

「裏モノJAPAN」2009年4月号掲載

3年前、都内の大学生だったオレは、家庭教師のト●イでバイトすることにした。高給でラクなバイトといえばカテキョーと相場は決まってる。

大宮のセンターに登録すると、3日も経たないうちに担当者から電話があった。

「お住まいから近い○○市で、野木さんという中学生と小学生の兄弟を教えてほしいのですが…」

家から近いに越したことはない。その場で即決しようとしたが、そこで担当者が変なことを言いだした。

「今まで何人かが担当して辞めているのですが、お子さんも親御さんも良い方なんで大丈夫だと思いますよ」

おそらく子供がバカすぎて辞めてったんだろう。オレ的にはバカの相手のほうが楽だしありがたい。引き受けます！

翌週からバイトはスタート。中3と小4の少年2人は、言うことを素直に聞く明るい子たちだった。勉強もよくでき、オレなんかが先生でいいのかと不安になるぐらいだ。

担当者が言うように、お母さんもいい人で、授業後には毎回、夕食とともにお酒をいただき、楽しく歓談した。

前任者たちがどうして辞めていったのか、さっぱりわからない。まさか子供のデキが良すぎるんで教えることがなくなったとか？

食事のときも色目を使っていたような気が

そんなある日、いつもどおり夕食をごちそうになって帰ろうとしたところでお母さんに呼び止められた。

「先生～、ちょっとカラオケでも行きましょうよ！　まだ時間大丈夫でしょ？」

てっきり子供たちも一緒だと思いきや、出かける準備をしてるのはお母さんだけ。あれ？　君たちは行かないの？

「僕らはまだ宿題が残ってるから行けないや～」

勉強熱心だね～。感心だなぁ…ってイヤイヤ、お母さんと2人でカラオケかい！

こいつはなんだか妙な展開だが、強く拒む理由もない。とりあえずはお母さんの車でカラオケへ。渡辺えり似の、正直キレイでもなんでもないオバサンが、運転席で鼻歌交じりに浮かれている。オエッ。

ガッツリ歌わないと変な雰囲気になるかとサザンを大声で熱唱し、はい次はお母さんの番ですよと横を見れば、なんとすでに変な雰囲気になっていた。お母さん、なんといきなりオレの肩に手を回してきたのだ。ちょ、ちょ、あの、ブチュー。

激しいキスの嵐。まさかオレに好意を持っていたなんて。そういや食事のときも色目を使っていたような気がしないでもないようなあるような…うわっ何すんの、お母さん！

彼女はオレの手を取って自分の胸にあてがった。ふっくら柔らかいその胸に。

悲しいかな…我が愚息はカチコチ勃起状態になっている。

「先生、動かなくていいですよ。アタシが全部やりますから」

ジッパーを下ろしてぱっくりくわえこんだお母さんは、すかさず用意していたゴムをかぶせて、オレの膝にまたがってきた。

「あぁん、いいのよ先生はそのままで。あぁん」

エロ漫画のような展開だが、唯一、相手がブサイクという点がリアルというか何というか。結局、お母さんは1曲も歌うことなく、2人のカラオケは終了した。

みんなが辞めていったのは、このお母さんの攻撃に辟易したからか。うん、間違いない。

これを書かないと読経が聞けないの

しかしオレは辞めなかった。向こうから誘ってきたのだから別に気まずさはないし、なんなら後2、3回ぐらい抱かせてもらってもいいと思ったぐらいだ。

家庭教師は普通に続いた。あれ以来お誘いがなくやや拍子抜けだが、なければないで一向に構わない。

そんな中、授業の休憩中にお茶をもらおうと居間に向かったとき、2度目の誘惑が。

「今週の日曜空いてる？」

快諾したオレは次の日曜日に大宮公園駅でお母さんと落ち合った。このあたりは地元で有名なラブホ密集地帯。まったく好きもん主婦だね～。

だがお母さんはどんどん歩いてホテル街を過ぎていく。あれ？

歩きながら彼女がパンフレットを見せてきた。表紙には『×△大聖人に帰依しなければ日本は亡ぶ』とのキャッチが。あの、これなんですの？

「××会って言って、自分があるべき姿になれるように頑張ろうっていう会。アタシも入ってるの」

近くの建物にオレを連れて行ったお母さんは、受付で用紙に名前を書けとせっついてくる。用紙には『入信届』の文字が。

「入信するしないは後で決めてもらうんだけど、これを書かないと読経が聞けないの」

とにかく早く帰りたかったオレは、あきらめて用紙に名前を書いた。

★

ワケのわからん読経を聞かされること2時間。逃げ出すように建物を出たその直後、オレは家庭教師を辞めた。

子供をダシに大学生をおびき寄せ、セックスの飴を与えて宗教へ勧誘とは、計画的にもほどがあるってものだ。

お母さんからの勧誘電話は以降、半年ほど続いた。

本当にエロい実話MAX
「裏モノJAPAN」読者投稿傑作選

婚外セックス禁止の教徒と付き合ったばかりに、処女なのにアナルに目覚めました

山本マユミ(仮名)／東京 21歳 学生

「裏モノJAPAN」2016年1月号掲載

わたしはどちらかと言えば地味で奥手なタイプで、大学3年生になった今も処女を守っている。オナニーぐらいはしたこともあるし、男の人とお付き合いしたこともあったけど、セックスには踏み込めないのだ。

そんなわたしだけど、ちょっぴり変わった性癖を持っている。

「ボク、●リ●から来た留学生デス」

今年の春、大学の友達に誘われて、渋谷の路地裏にあるシーシャ（水タバコ）の店に行った。タバコを吸わない私でも楽しめるし、お洒落な雰囲気なので以前から興味のあった場所だ。

狭い店内は、外国人や遊び慣れた感じの男女が向かい合って座る、わたしには少し気まずい空間だった。戸惑っていると、目の前にいたエキゾチックな顔立ちのイケメン男性と目が合った。その彼がニコリと笑って水タバコを差し出してきた。

「ワタシ、チョット日本語話セマス。●リ●から来マシタ」

●リ●？　確か、内戦が続いてる国だっけ。

彼の名前はアフマド。母国では裕福な家の生まれらしく、日本の大学に留学中らしい。アフマドは25歳で年も近く、日本の文化にも興味津々で、話も盛り上がった。

日本ではさっぱりモテないわたしに、どうして彼みたいないい男が声をかけてきてくれたのか謎だったけど、後から知った話では、向こうでは日本人女性は愛想がよく優しいと人気が高いんだそうだ。

その場で連絡先を交換し、片言の日本語でメールのやり取りをかわし、シーシャの店でのデートを続けるうちに、自然な流れでお付き合いすることになった。

「セックスできないから、後ろでヤル」

何度かのデートを経て、水タバコを吸いに行くという口実でついに彼の部屋に遊びにいくことになった。

部屋は質素なアパートで、大学生の一人暮らしのような間取りの部屋だった。見た目は決してだらしなくない彼だったが、家の中はぐちゃぐちゃ。彼の信じる宗教では、家事は女性がするものと決まっているらしい。

シングルベッドに座ってお酒を飲みながら彼と話していると、なんだかいい気分になってきた。

「マユミ、可愛イイヨ。コッチに来テ」

酔いもまわったところで、彼が肩に手を回して密着してきた。やっぱり今日、しちゃうのかな。正直、覚悟はしていたけど、不安はある。だって初めてだし。

ついに服を脱がされた。

「アフマド、わたし、初めてなの…」

「セックス?」

こくりとうなずく。彼はいっそう愛おしそうにキスをしてきた。

しかし、下着を脱がされ触られた場所は、アナルだった。

「え……?」

「ボクたちの宗教では、結婚する前にセックスできない。ダカラ、後ろでヤル」

「え?」

当たり前のように、ぺぺっとわたしのアナルに唾を吐きかけるアフマド。ちょっと待って。唾付けただけで、そんな大きいのをお尻に入れるの?

「アイラブユー、マユミ」

痛い! 痛い痛い! お尻に激痛が走り、自分でもビックリするぐらいの大声が出た。

彼が動く度に涙があふれ出す。こうしてわたしはお尻の処女を失った。

授業中でも、お尻に欲しい

この宗教の熱心な信者は、男女共に婚前セックスが禁じられているため、結婚前にお付き合いする関係になった男女は、アナルでセックスをするんだそうだ。

あれほどの痛みを我慢するなんて、教徒の女の子はスゴイと思う。

アフマドとの関係は順調に進み、二度目の肉体関係もやはりアナルだった。相変わらずの痛さに泣きそうになりながらも、頑張って彼のために耐えた。

三度目も生理なのにアナルセックス。彼は性欲が強く、生理だろうが体調が悪かろうが、会うたびに求めてくるのだった。

四度目ぐらいから、やっと慣れてきて、少し気持ちよさがわかるようになってきた。彼に求められるのは嬉しいし、自分もそれに応えようとしていたからかもしれない。

五度目のアナルセックスで、わたしはついに絶頂に近い感覚を得た。大学の授業中でも、彼のモノがお尻に欲しいと思うまでに。

最初はあんなに痛かったアナルセックスが、慣れるとこんなに快感が得られるだなんて。人間ってスゴイな。もし前の穴だったら、もっとすごいのかも。でも前の処女は誰が奪ってくれるんだろう。

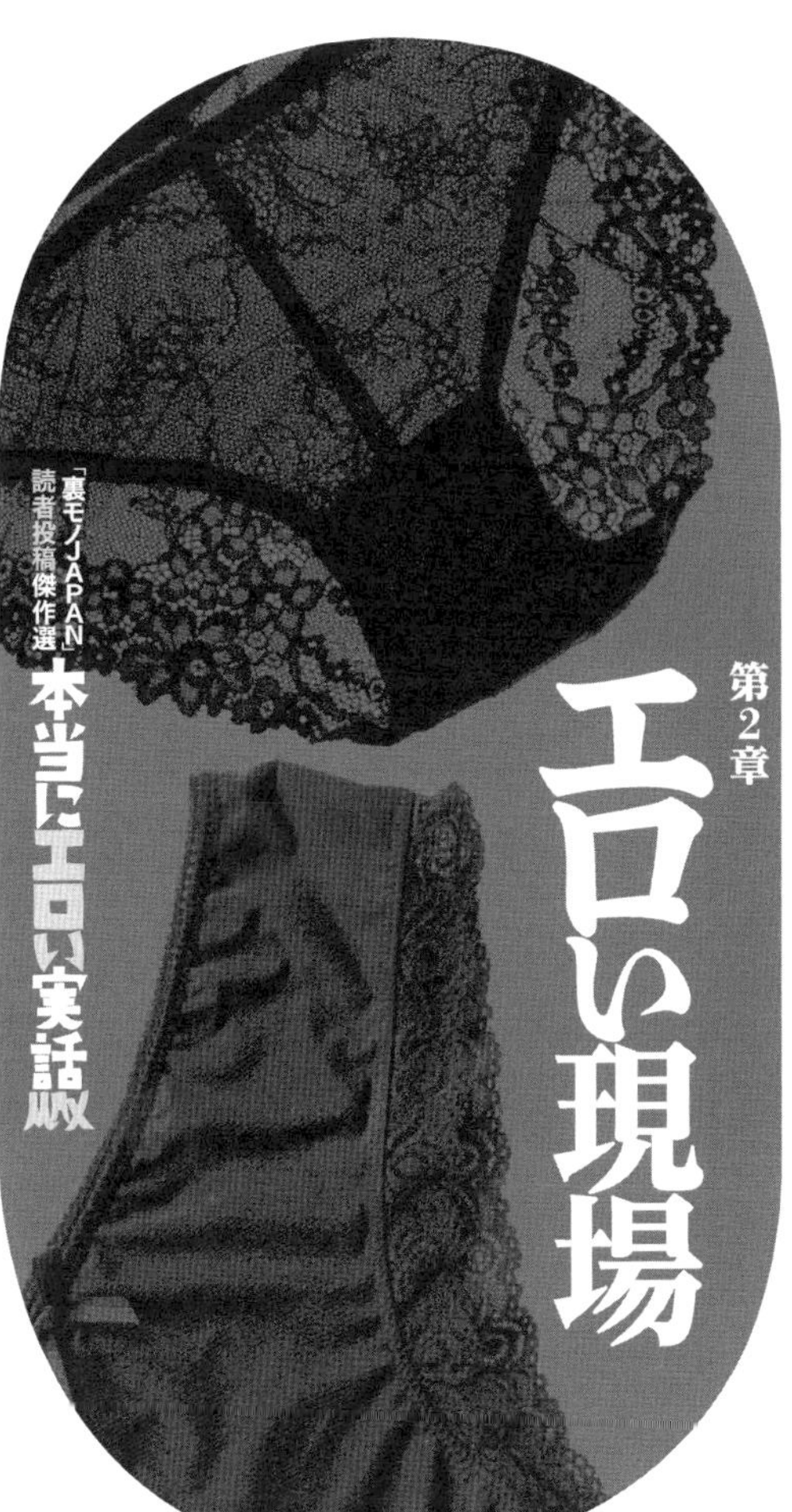

第2章 エロい現場

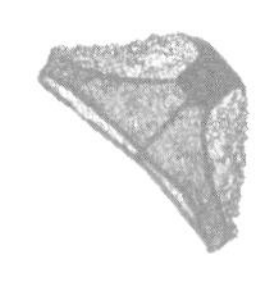

山寺 敦也／東京 36歳 会社員

セクシー衣装の範囲を超えてる！御茶ノ水と秋葉原の間のビルに、店舗型の安全18歳裏オプ店が！

エロのためのコースじゃん

先日、街を歩いていた際、気になる物体が目に留まった。場所はＪＲ御茶ノ水駅と秋葉原駅の中間にある雑居ビル。その入り口の奥の壁に、こんな張り紙が貼ってあったのだ。

「添い寝コミュニケーションルーム」

「裏モノJAPAN」2019年4月号掲載

もやもやしたものが胸をよぎった。どうやら女の子と添い寝ができたり、耳かきをしてもらえたりするリフレ店のようだが…。

リフレ店とは女子高校生風の若い女（18歳以上）に肩もみ、足つぼなど簡単なマッサージをしてもらう場所だが、中には裏オプションといって、女個人に追加料金を支払えば、セックスが可能な店もわずかに存在する。

ただし、警察の取り締まりが厳しくなった現在、裏オプ店のほとんどは派遣型リフレ、つまり店舗を持たず、女の子を客の待つホテルへ向かわせるシステムに移行している。

今どき、店舗型のリフレはその営業形態からして健全店と宣言してるようなものなのだが、この店はどうなのか。添い寝をウリにしてるあたり、とても健全な印象など受けないんだけど。

真相を突き止めるべく、ビル内へ。階段を下り、地下1階の店舗に入ると、受付のオッサンと目が合った。

「い、いらっしゃい」

見るからに挙動不審な50代オトコで、さっそくコースの説明を始める。基本コースは30分4千円（あるいは60分6千円）で、女の子とおしゃべりや簡単なマッサージを楽しむことができ、添い寝や耳かきなどはオプションで別途追加していくシステムらしい。

気になるのはＶＩＰコースなるものだ。30分1万円、60分1万8千円と、基本コースの倍以上もするのはどういうことか。

「ＶＩＰってどういう内容なんですか」

「女の子の衣装がセクシーになるんです。あとお遊びする場所も通常の部屋から暗闇ルームというものに変更となりまして」

それ以上詳しくは聞かなかったが、疑惑はますます深まった。セクシー衣装に真っ暗な部屋だって？　まるでエロのためのコースじゃん。

「じゃＶＩＰコース、60分でお願いします」

「ではどの子にしますか？」

手渡された女の子の写真リストを開く。年齢は全員18歳で、中にはハッとするほどカワイイ子もチラチラといる。

「じゃあこの子で。あと、念のため聞きますけど、この店の子たちって本当に18歳ですよね？　未満じゃないですよね？」

「その点は大丈夫です。現役の高3と同学年の子もたくさんいますが、そういう子は高校に行ってないので。安全な18歳です」

とりあえず信じよう。

「裏オプってわかる？　よかったらどう？」

通された部屋はミラーボールの照明のみという、本当に真っ暗な部屋だった。そこで待つことしばし、指名した女の子が顔を出す。

「こんにちは～」

「え…？」

彼女の姿に言葉を失った。ワイシャツ一枚にTバックパンティのみという出で立ち。しかも乳までモロ見えである。セクシー衣装の範疇を軽く超えているのだ。

驚きが収まる間もなく、いきなり彼女が口を開く。

「裏オプってわかる？」

「え？　う、うん」

「もしよかったらどう？」

やはり俺の勘は正しかった。というかここまであからさまな営業スタイルなら、裏オプがない方がおかしい。

にしてもすごい店だ。ここまで積極的に女の子から売春を切り出してくるなんて。

提示された金額は、本番はイチゴーで、フェラのみなら1万。俺が選んだのはもちろん本番だ。

「じゃイチゴーお願いします。ところでゴムは持ってる？　ないとエッチできないんだけど。私、用意してないからさ」

「持ってるよ、ほら」こういうこともあろうかと、常

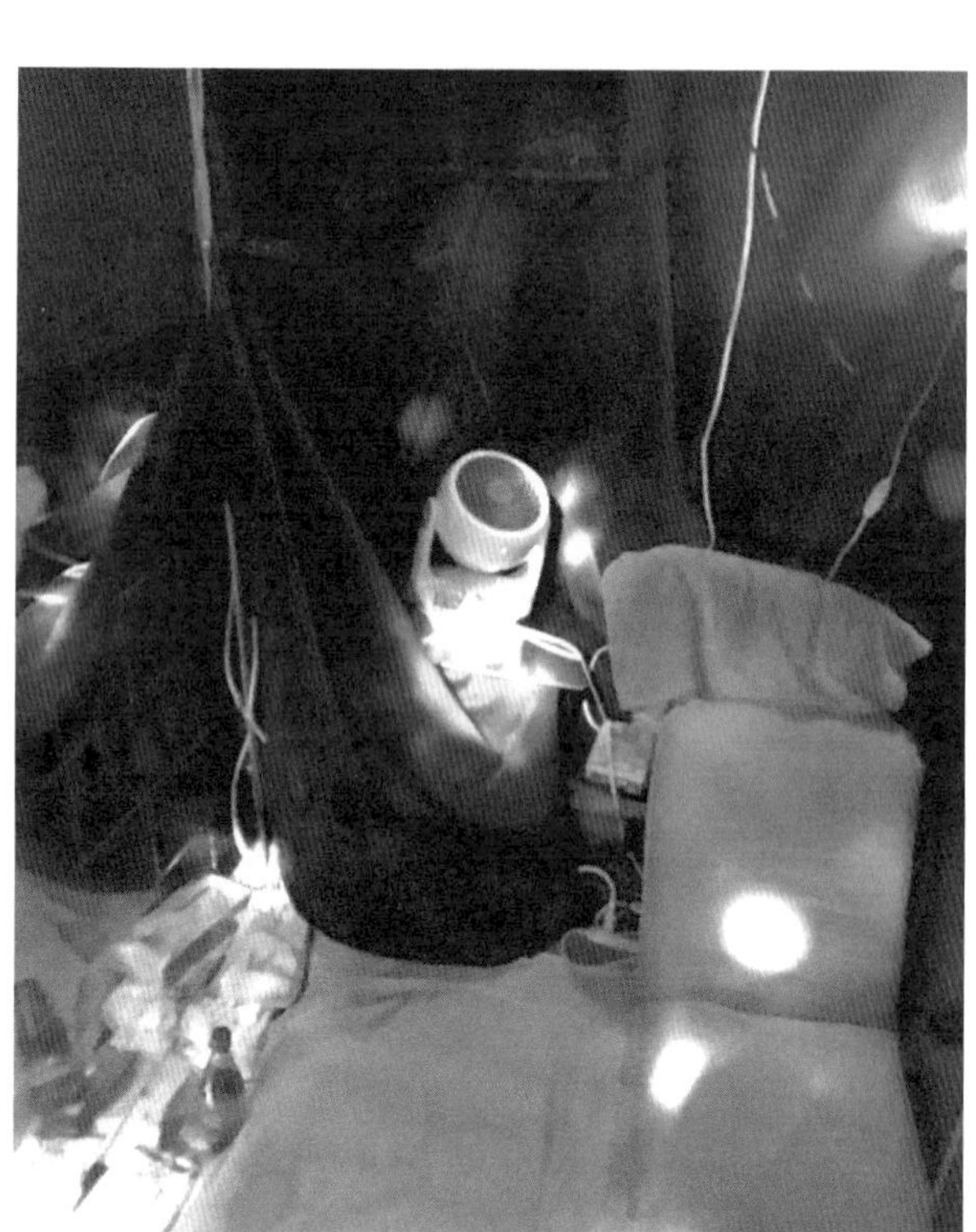

に財布に一枚忍ばせておいてよかったぜ！

★

やや流れ作業的ではあったが、本物18歳とのセックスはそれを差し引いてもなお、余りあるものだった。やっぱり若い子っていい！

満足度の高さには、店舗型だった点も含まれる。ひとつの場所ですべて完結できる利便性や気楽さは無視できない。

ちなみに彼女の話によると、この店の子はほぼ全員が裏オプしているとのことだが、それはあくまで個人の判断、客によっては断られることもあるそうだ。

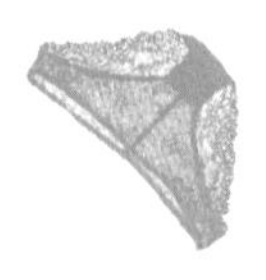

斉藤 たけし／東京 39歳 無職

マリファナセックス客を募集する“ブリブリ”デリヘル業者がツイッター上にいるらしい

ジョイントを吸っている動画まで

マリファナは、ツイッターを使えば簡単に手に入れることができるらしい。

「ガンジャ」「野菜」「４２０」「緑」「ハッパ」「weed」などのスラングで検索をかければ、大麻を販売している人物のアカウントが大量に出てくるので、フォローしてダイレクト

「裏モノJAPAN」2018年9月号掲載

メールでやり取りし、取り引きに至るわけだ。

さて、以下は友人の話だ。

友人が、大麻関連のツイートを探しては情報収集にいそしんでいたら、気になるアカウントが目に留まったそうな。

大麻関連のアカウントを大量にフォローしている女性で、自分の顔写真はもちろん、ジョイントをプカプカと吸っている動画まで載せているのだ。

結構な美人さんだけど、ちょっとイカれてるのかも…と思っていたら、過去のツイートに「ブリブリデリヘルはじめます」とのツイートが。

ブリブリとは大麻がキマった状態のこと。つまり女の子と一緒にガンジャを吸いながらエッチできるというサービスらしい。

友人は思った。ガンジャを吸えばエロい気分になるし、身体の感度もアガるので、セックスとの相性はバツグンだ。ガンジャでキマった女の子とセックスできるなんて最高じゃないか、と。

フォロー中

ぶりでり！金曜日からです(*^^*)
サティバ系女子。インディカ系女了。2人います✧ \(°∀°)/ ✧
DMお待ちしておりますね✨

女の子が吸うガンジャは客が用意

友人が、ブリブリデリの女オーナーさんにダイレクトメールを送り詳細を尋ねたところ、システムは3～4時間で3万円、本番アリ、女の子が吸うガンジャは客が用意する、とのこと。

プレイ時間が3～4時間と長めなのは、ガンジャを吸ってリラックスしてゆったり楽しむためということらしい。

貧乏人の友人クンに3万円は高いが、在籍嬢の顔写真を見たらめっちゃ可愛かったので遊ぶことに。基本的に在籍嬢たちはブリセク（大麻をキメてするセックス）が大好きらしい。

靴下の中にジョイント数本を忍ばせ、ブリデリ嬢と都内某所で待ち合わせ。

「●●さんですか？　どうも～はじめまして～」

待ち合わせ場所に現れたのは、写真で見たまんまの超激マブ女子だったそうだ。

友人クンの冒険は続く。

大麻のことは一切触れずに、コンビニで飲み物とオヤツを買ってホテルに直行し、2

人でジョイントを一服。

口から大量の煙を吐き出しながら、ブリデリ嬢が一言。

「あ〜、このボン（大麻のこと）、めっちゃオイシイ！　ありがとう！」

いい感じに効いてきたところで、料金の3万を払い、互いにシャワーを浴びる。

「どう？　まだ吸うでしょ？」

「うん、ありがとう。いただきまーす」

こんな感じで互いにキメたところで、2人でベッドに移動し、3時間かけてさんざんエッチを楽しんだという。

驚いたことにこの業者、現在も存在していてツイッターで客を集めてるそうな。

「裏モノJAPAN」読者投稿傑作選

上海の連れ出しクラブは大盛況！中国の富裕層を相手に売春し、3カ月で2千万も稼ぎました

小岩井ユウ／東京 21歳 無職

最近はひところの盛り上がりも落ち着いたとはいえ、まだまだ中国の好景気は継続しています。特に富裕層と呼ばれる連中の金持ち度はハンパなく、そのレベルは日本の小金持ちとは比べものになりません。彼らにとっての100万は、私たちの1万、いえ5千円くらいの感覚みたいです。

だって私、その富裕層を相手に売春し、たった3カ月の滞在で2千万もの大金を稼いだんですから。

「裏モノJAPAN」2009年7月号掲載

中国の金持ち連中は、日本人女性と寝たがってる

２００９年１月のことです。

以前、歌舞伎町のセクキャバを紹介してくれたスカウトに「いまのお店、全然稼げないんだけどぉ」とグチをこぼしたところ、彼がこんなことを言い出しました。

「だったら中国に行くか？」

「中国？　なにそれ？」

「上海に日本人専門の高級連れ出しクラブがあるんだけど、そこならガシガシ稼げるぜ」

彼によると、いま中国の金持ち連中の間では、日本人女性と寝ることが一種のステータスになっていて、現地ではその手の店が大繁盛しているんだとか。ふーん。要するに売春ってことだよね。でもウリはちょっとなぁ…。しかも中国って遠くね？

「月給２００万保証、プラス客からのチップもたんまり貰えるんだぞ。もちろん食費もタダで最新の寮も完備。オレもガッポリ儲かるし、旅行気分で行ってこいよ」

「マジで？　チョーやりたいんだけど！」

後日、六本木にあるマンションの一室で面接をパスし、その場でブローカーらしき中

年男性から広東語の簡単なレッスンを受けました。もっとも、現地には日本語、中国語がともにペラペラなスタッフや女のコが複数いるので、当面、言葉の問題は気にしなくてもいいんだとか。

「観光ビザで入るから滞在期間は3カ月な。あとの手はずは整えておくから頑張れよ」

2週間後、成田を飛び立った私はひとりほくそ笑んでいました。月給200万が保証されてチップもたんまり。いい仕事にありつけたもんだ。

ところが、無事に現地のお店に到着した私に、中国人オーナーは日本語でしれっと言うのでした。

「保証は月50万。客との売春は自由交渉だから、アナタの好きな額を提示すればOK。ただし稼いだうちの半分はお店に入れること」

ちょっと何それ〜。聞いた話と全然違うんですけど！

女のコの半分以上はAV女優あがり

腹を立てたところで、単身上海へやってきた以上どうなるものでもありません。翌日から上海郊外のワンルームマンションとお店の往復生活が始まりました。

店舗はリゾートホテルのフロアの一部をキャバクラ風に改装したもので、広さは日本の平均的なキャバの2倍程度。

営業時間になると、店内の所定の位置に女のコがズラリと並び、客の指名を待ちます。料金は横で飲むだけなら700元(約1万)。これだけならたいしてお金になりませんが、連れ出す場合は7千元（約10万）以上から交渉がスタートし、半分が私の取り分なのでかなりの儲けです。

にしても10万以上も払う客なんて本当にいるの？

「それが払ってくれるんだって。最初は信じられないかもしんないけど」

不安げな私を励ますように、先輩のミヒロさんがニコリと笑います。彼女はもともとAVの企画女優でした。

中国では日本のAVを紹介する番組が好評で、その人気にあやかってか、この店で働く女のコたちの半分以上（全部で27人在籍）はAV出身者で固められていました。

ミヒロさんの言うとおり、オープンからほどなく、私に指名が入りました。不動産関係の社長で、カタコトの日本語と中国語でホテルに行こうと誘ってきます。

店内ではスタッフが通訳をしてくれたので意志の疎通は完璧でしたが、2人きりになると会話はほぼゼロ。淡々とセックスの相手をして、私は言い値の20万を手にしたのです。あっけないものでした。

日本の女を金の力で自由にできる贅沢な趣味

お店の繁盛っぷりは凄まじく、以降も私はいろんなお客から指名を受けました。30万のプレイ代を払い、さらに10万のチップをポーンと弾んでくれる個人投資家。1度の支払い額はさほどでもないけど、毎日のように私を指名してくれるインテリア会社のオーナー。まだ30代前半の弁護士には、3日間で70万ほど稼がせてもらいました。

中国の富裕層は人口の7％と言われてますが、実数でいえば1億人以上。経済にはうとい私も、懐が10万単位で猛烈に膨らんでいく様を目の前にすれば、いやでも中国の金持ちレベルを実感できます。

でもなぜこんなに大胆にお金を使うのか。中国人って日本のこと嫌いなんじゃ？

その疑問に、とある客が明快な答えを与えてくれました。

「中国人の日本嫌いは、憧れと妬みの裏返し。日本の女を金の力で自由にできるなんて、これ以上贅沢な趣味はない」

ふうん、そういうことか。

かくして私は、２００９年4月、現金６００万を手にして帰国しました。冒頭で言った2千万は、常連の実業家に買わせたマンションの値段（1千４００万）を含めた額です。マンションは、その実業家と愛人契約を結ぶ条件で手に入れたので、また6月に上海へ戻らなければなりません。どうにか彼にバレず売却できないものか、頭を悩ませている今日この頃です。

「裏モノＪＡＰＡＮ」読者投稿傑作選 本当にエロい実話MAX

真壁ユーキ／東京 30歳 会社員

会話すら許されぬ汁男優の分際でAV女優（広義の）を抱けてしまった夢のようなサクセスストーリー

オレは3年前から本業のかたわら、汁男優のバイトをしている。ぶっかけものAVなどに出てくる、自分でシゴいて女優の顔にザーメンを出すアレだ。

憧れのAV女優にぶっかけられるだけでもありがたいのだが、いかんせん汁の地位は低い。彼女たちと言葉を交わすことすらほとんど許されない。

ところが昨年、本来なら汁男優では到底ありえないような事態に直面した。これは全国に散らばる汁男優たちに勇気を与える、いわばサクセスストーリー（？）である。

「裏モノJAPAN」2010年5月号掲載

「今日はすき焼きなので楽しみにしててください」

オレは月1ペースで汁男優をしている。基本的にはネットの募集情報にレスを送り、採用なら返事が来るという流れだ。

ある日、いつもどおりネットで男優募集を探していると「M」なるサイトにたどりついた。大きなAVメーカーではなく、ほとんど自主制作に近いぶっかけ作品をリリースしているところだ。存在は知っていたのだが、たまたま撮影の日程などが合わず今までは縁がなかった。

そこが今週末の撮影で汁男優を募集している。女優の写真もカワイイじゃないか。ぜひ参加します。

当日、撮影スタジオに到着すると、数人の汁とおぼしきオッサンたちが待機中だった。とりあえず基本の挨拶だ。

「おはようございます！」

「おはよーっす。今日は頑張ろうね」

ん？　いつもの現場ならほとんど反応はないのに。むしろピリピリしていて怖いくらいなのに。なんだかユルイ空気だ。

あとから続々とやってくるオッサンたちも、なんだか生ぬるい。

「おはよ〜。あ、久しぶり」

「ちょっとタバコ吸ってくるわ」

あげくの果てに、５分遅刻してきたオヤジも「いや〜ゴメンね」などと軽口を叩いている。なんだこの現場？

そのワケは全体ミーティングで明らかになった。監督らしき人がこう言うのだ。

「みんなヨロシクね。今日はすき焼きなので楽しみにしててください」

なんとこの現場、毎回撮影後に皆で鍋を囲んで打ち上げをするらしい。ありえない。汁が打ち上げに呼ばれるなんて、普通はありえない。

どうやらこのメーカー、半分素人のようなスタッフが作ったらしく、汁もほとんどが常連で、和気あいあいとしているみたいだ。

そうこうしているうちに撮影は始まった。眞鍋かをり似のＯＬ、Ａちゃんがオナニーし、周りで10人ほどのオッサンが息子をシゴきはじめる。ああ、毎度のことだけど、乳も揉めずにただぶっかけるだけってのは寂しいもんだ。

広い意味でいえばこの子だって女優

3時間ほどで撮影が終了すると、常連たちがテキパキと宴会の用意をはじめた。テーブルの中心には鍋が用意され、それを囲むように汁たちが腰かける。そしてそこにはなんと女優のAちゃんまでもがいるではないか！

女優の隣には監督が。そして反対側にはマネージャーが…いない。いない。なんでだ。普通に汁のオヤジがもくもくと肉を喰らっているじゃないか。

隣の兄ちゃんに聞いてみた。

「今日はマネージャーは現場に来てないんすかね？」

「マネージャー？　なにそれ」

「いやいや、彼女の事務所の人間ですよ」

「ハハハ、君はじめて？　ここはね、素人の女の子専門なんだよ」

ふーん、AV業界では素人つっても本物の素人ってことはまずないんだけど、さすがこの会社は違うわ。

しかしそれだったらオッサンたちももっと話しかければいいのに。見た目から想像するに、女慣れしてないヤツが多いんだろうな。こうなりゃオレが！

　宴会の途中でオレはAちゃんの隣を確保した。

「お疲れ〜。今日はどうだった？」

「こういうの初めてだ

汁男優の分際で
ラブホ行かない？
行くぅ〜
AV女優とセックスしちゃいました!!

ったんだけど、めっちゃ楽しかった」

こんなオッサンどもにぶっかけられて楽しいなんて、キミもなかなかの変態さんだね。

「でもぶっかけられるだけで挿入はないし、意外に欲求不満だったりするんじゃないの？」

酔ってきたのか、顔を赤らめた彼女は臆面もなく言う。

「そんなことないよ〜。あれでも興フンしたし」

こりゃもしかしたらイケるんじゃない？　汁同士で語り合っているオッサンたちを横目にオレはAちゃんのグラスに酒を注ぎ続けた。しばらくするとさらに顔が赤くなっている。

「Aちゃん、この後空いてる？　2次会行こうよ」

「行く〜！」

宴の後で一緒にスタジオを出て、そのまま近くのラブホへ。有名ではないけれど、広い意味で言うならば、この子だってAV女優だ。すげー、汁の分際で女優を抱けるなんて！

★

オレはその後もこの会社の撮影に参加している。連絡先を聞けた女もチラホラおり、近いうちにまた頂けそうだ。
メーカーの頭文字はM。皆さんもぜひどうぞ。

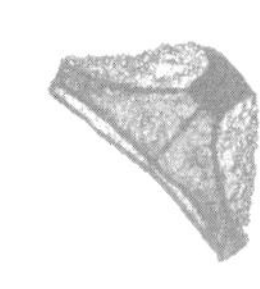

片山まさし／関東某所 31歳 保育士

子供をプリスクールに通わせる西洋かぶれのママさんをガイジン先生におすそわけしてもらう

まるで先生と母親の合コン状態

以前は幼稚園の先生をしていたオレだが、昨年、たまたま紹介してもらった「プリスクール」の教員に転職することとなった。

プリスクールとは、保育園〜幼稚園年代の子供が通う、英会話学校みたいなもの。国

「裏モノJAPAN」2010年7月号掲載

際化社会に順応させようと、幼少期から英語を学ばせたがる親が最近増えていて、幼稚園の代わりにプリスクールを卒業してから小学校へと進む子供も多い。

オレ以外のスタッフは、事務の女の子以外は外国人だった。学校長はオレより1歳上のイギリス人、先生も若いアメリカ人やイギリス人だ。リンゴを見せて「アッポー」と復唱したりするだけの仕事だが、やはりネイティブの教師が好まれるのだろう。

ある日、学校長から声がかかった。

「マサ、週末に歓迎会やるから空けといてね」

金曜日、会場の居酒屋に到着すると、すでに4人の先生たちが着席していた。しかしそばにはそれぞれひとりずつ女がついている。あれ、学校にこんな人いたっけ？

「遅いよマサ、もう飲んじゃってるよ」

「はぁ、この人たちは？」

「はじめまして。生徒の母です」

なんで母親がココにいるんだ？　さらに隣にいる妙齢の女が口を開く。

「歓迎会やるって言うから私たちも来たの。よろしくね」

他の女性も母親連中だそうだ。初めて見たけどキレイな人が多いんだな。

「カンパ～イ!!」

全員がそろうと、まるで7対6の合コン状態だ。ところが主役のはずのオレはひとりぼっち。皆お互いにイチャイチャしながら話しこんでいるからだ。アメリカ人のマイクなんて女の髪の毛をペロペロと舐めている。もはやそれペッティングだろ！

「ママさんたちはガイジンが好きなんだ」

スクールに慣れてくると、外国人教師とママたちの異常な関係が目につくようになってきた。

毎日子供を迎えにきたときに手を握りあってるマイケルとママさん、ジャックは手当たりしだいに携帯番号をゲットしている。まるでここの母親連中は、外国人教師と仲良くなりたがっているみたいだ。

「ジャック、色んなママたちと仲がいいけど、どういう関係なの？」

「ん？　みんないい人たちだよ。だから遊んだりするし、イイ仲だね」

やっぱりヤッてるのか。他の先生たちに聞いてまわったところ、どうやら教師全員がママ連中に手をつけてるようだ。ったく、どんな学校だよ。こうなったらオレも！

しかしそう上手くはいかない。真似してママさんの肩に手を回してもやんわりと逃げられるし、連絡先も教えてくれない。なんでオレだけ…。

様子を見かねたのか、ミーティングの席でジャックが切りだした。

「マサ、聞いてるよ、がんばってるみたいだね。でも、ダメだよ、ママさんたちはガイジンが好きなんだ」

そうですか、そうですか。ま、子供に英会話を学ばせようなんて、西洋かぶれのバカ親に決まってるよな。

「だからさ、ボクが推薦してあげるよ」

「えっ⁉」

ジャックは続ける。彼女らのガイジン好きはただのミーハー感覚だけじゃなくて、将来の付き合いも計算に入れてのことなのだと。

ここの教師たちは自国でホームステイの受け入れもしているので、仲良くしておけば将来、留学させるときに世話になれる。実際、その際はぜひよろしくとお願いしてくるママさんばかりだそうだ。

つまりオレも海外に留学のコネを持ってることにすればモテるんじゃないかというわけだ。

「とにかくボクがさりげなくマサをすすめておくからさ」

他の親とのセックスも興味深げに

その効果は絶大で、数日後、さっそくママさんが話しかけてきた。

「よかったら連絡先を教えてください。色々相談したいので」

すげーあからさま！

〈ボクは昔アメリカに住んでたので、お世話になった人に話を通せば可能かもしれませんよ〉

ジャックの言うとおり、こんなベタな設定だけで、彼女は露骨にベタベタしてくるようになった。「キレイな手ですね～」とスリスリしてきたり「休みの日はなにしてるの？」と探りを入れてきたり。

そしてごく自然に、オレは彼女を抱いた。どうやら他にも2人の先生と関係を持っているようだが、そんなのどうだっていい。

後にも、外国人ティーチャーのおこぼれを紹介してもらって、今では3人のママさんがセフレ状態だ。

教育熱心なお受験ママとはまた違い、さすがに外国かぶれなだけあって彼女らの特徴はとにかくオープン。他の母親とのセックスも興味を持って聞いてくるほどだ。

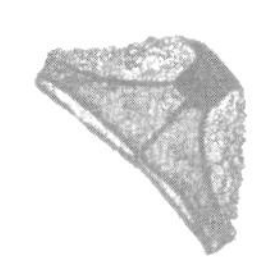

本当にエロい実話MAX
「裏モノＪＡＰＡＮ」読者投稿傑作選

唐田ゆうじ／大分 35歳 会社員

おらが町の名物全裸女は無人のアダルトショップでサクッと抜いてくれます！

「抜かせていただいてもよろしいでしょうか」

３カ月前のある日の夜10時ごろ、オレは「こっそり堂」というアダルトショップに来ていた。場所は大分県の国道１９７号線沿い、中津と宇佐の間だ。

この店の特徴は店員がいないこと。掘っ建て小屋のような店内に、アダルトグッズやエロＤＶＤなどの自動販売機が４、５台並んでいるだけなのだ。

また周囲は山と畑だけというヘンピなロケーションのせいか、いつも店はガラガラ（店は24時間営業）。その日もオレ以外に客は１人もいなかった。

さて、何を買うべーか。あたりを見まわした途端、体が固まった。いつ入ってきたのか、20代半ばと思しき幼児体型の女が立っていたのだ。

いや、驚くべきはそこじゃない。なんとこの女、全裸なのである。ありえない、ありえない姿だ。

呆然とするオレに、女が鼻息を荒くしながら近づいてきた。

「…あ（ぬふー）、あの」

「は、はい」

「抜かせて（ぬふー）、いただいても（ぬふー）よろしいでしょうか」

「へ？」

「イヤじゃなければ（ぬふー）抜かせてほしいんです」

美人局（つつもたせ）ということばが浮かんだ。ヤルだけヤラせて、後から怖い男が出てくるんじゃや。待て待て。そもそも美人局なら、こんなヘンピな場所でやらんだろう。だとしたら女の目的は…

「もしかしてお金が欲しいの？」

「違います」

「じゃあ、なんでそんなことしてるの？」

「抜かせてほしいだけです。お願いします」

「……」

この雰囲気、とてもダマそうとしてるとは思えんが…。

黙っていると、それをOKサインと取ったのか、女が目の前にひざまずきズボンのジッパーを下ろし始めた。もうどうにで

こちらが現場の、こっそり堂

もなりやがれ！

オンナが一物をシコシコとシゴきだす。気持ちいいにはいいが、一向にカタくならない。誰かが入ってきたらと思うと意識が集中できんのだ。

女のたわわな胸を揉みしだく。ふむふむ、なかなかの弾力だ。さらに下に手を伸ばせば、きれいに毛が剃られたパイパン。めっちゃ濡れてるんですけど！

「あふんあふん」

身もだえしながら、女が一物をパクッとくわえる。で、カリをチロチロ、竿をネチョネチョ。気がつけばすでにギンギンだ。

（このまま挿れちまうか）

思わず、襲いかかろうとするオレだが、さすがに病気が怖い。彼女に身を任せるうち、しだいに股間が熱くなってきた。もうイク！

「ありがとうございます」

オレの精子を飲み込んだ女は、丁寧にお辞儀をして入り口から出ていった。

「……彼氏にヤレって言われるから」

後日、この話を悪友の男にしてみたところ、急にヤツが色めきたった。

「その話、前にも聞いたことあるぞ。常連かもよ？」

常連って。あんな掘っ建て小屋に、裸でやってくる女がか？

「俺も会いたいな。同じ時間に店に行って、2人で中で待ってたら、また現れるんじゃない？」

「う〜ん」

「頼むよ、な」

はいはい、わかりましたよ。成功したらメシおごれよな！

ミッションは難航した。オレらにも都合があるし、行けるのは2日に1回くらい。女はなかなかやってこない。

しかし、やってみるものだ。待ち伏せ10日目にして、ついに目当ての女が現れたのだ。しかも今回はSMよろしく、縄で全身を縛られ、口にボールをはめ込んでいるではないか。なんちゅう格好なんだよ！

友人とのフェラプレイが終わったところで、かねてからの疑問を口にした。キミ、なんでこんなことやってんの？

「……彼氏にヤレって言われるから」

これがおらが町の名物女です！

その男は超の付くドSで、見知らぬ男に彼女を抱かせることで、喜んでいるのだという。で、彼女も彼女で、男に命令されることが無情の喜びであると。早い話が、SMプレイの一環ってことか。

「この店はよくるの？」

「月に1回くらいかな…」

「で、彼氏はどこにいるの？」

「外に車を止めて待っててくれるから」

なるほどね。でも男はどうやってプレイを見てるんだ？　女はその疑問には答えず、「じゃあ」と逃げるように店から出て行った。

★

この女は今も「こっそり堂」に出没している。お近くにお住まいの男性は、ぜひ1度行かれてみては。

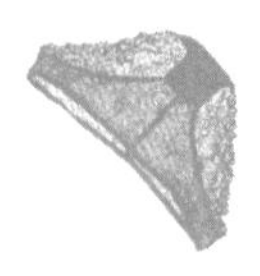

「裏モノＪＡＰＡＮ」読者投稿傑作選

新宿駅周辺をフラフラ歩き回る出会い系すっぽかされ売春が流行している模様です

仙頭正教／33歳 編集部

いきなり1万まで下がるとは

今回の話は、5月半ばのある晩、新宿で酒を飲んだ帰りの出来事がきっかけだ。

その晩、飲み屋を出たのは午前3時過ぎだった。始発まではまだ時間もあるし、どうしようかなあと思っていた矢先、新宿駅西口で一人でフラフラ歩いている女を見かけた。

「裏モノJAPAN」2012年8月号掲載

歳は30過ぎぐらいか。

　やけにノロノロ歩きである。ナンパされちゃうよ、おねーさん。

　近寄って声をかける。

「こんばんは。今、お帰りですか？」

「はいまあ」

　警戒されてるような感じはない。酔っぱらってるんだろうか。

「今日はどっかで飲んでたんですか？」

「いやぁ、ちょっと」

「じゃあどうしてたんですか？」

「サイトで知り合った人と会おうとしたんだけど、すっぽかされちゃって」

　ん？　つまり出会い系ってこと？

「まあ3万なんだけど…。もしよかったら、オニーさんどうです？」

　驚いた。まさかエンコー女と偶然出くわすなんて、こんなことがあるんだな。

「でも、さすがに3万は高くない？」

「どのくらいならいい？」

「まあ1万とかなら」

「それでいいよ」

わーお、いきなり1万まで下がるとは。女もこのままノーマネーで帰るよりはマシと思ったのかもな。

別に大したレベルの女ではないが、オレは道ばたでサイフでも拾ったような気分になった。女が安いレンタルルームを知っているというので、さっそくそこに向かう。

「すみません、先にお金もらっていいですか？」

「あ、はい…」

「じゃあ、オニーさんシャワー行ってきて。私は家で浴びてきてるんで」

シャワーから出ると、部屋の電気は落とされ、女は裸になっていた。枕元にはローションのボトルも…。

どうやらこの女、かなりエンコー慣れしているっぽい。何だかテンション下がるんだけど。

しかし、それでもテクがあればと期待したが、女はとんでもないマグロで、結局は何だかなあという感じだった。

1万なら買いか

ナンパきっかけならつい買っちゃう

その2日後の深夜、新宿の路上でヘンなことがあった。また別の30前後の女が一人でフラフラ歩いているところに遭遇し、例のごとく声をかけたところ、こんなことを言うのだ。

「今、サイトの人と会おうとしたんだけど、ドタキャンされて」

「サイト!?」

「まあ割り切りなんだけど、オニーさんはそういうの興味ない？」

…この前と一緒じゃん。こんな偶然ってあるわけ？

とりあえず、そのときは買うのは止めておき、女とは別れた。

さらに数日後の夜、新宿を歩いているとき、見覚えのある女の姿が目に飛び込んできた。あのマグロ女がまた一人でフラフラ歩いていたのだ。

（まさか、あいつ？）

気になって尾行をしてみると、女は駅周辺をただ単に歩き回るだけ。どこかへ向かう様子はない。あっちをフラフラ、こっちをフラフラ。そして男から声をかけられると、すんなり立ち止まっている。

みなさん、あのフラフラ歩きにうっかり誘惑されてしまうのだろう。オレがそうであったように。

まもなく、声をかけてきた男と一緒に女はどこかへ消えていった。

うまく考えたものだ。あの容姿じゃ、立ちんぼスポットにいても買われないだろうし、出会い系でもすっぽかしがオチ。でもナンパがきっかけならば、男はありがたみを感じてつい買ってしまうのだろう。

どうやらこの手法、新宿界隈で流行してるらしい。値切れる男性にはイイ話だと思う。

早朝にもフラフラしてます

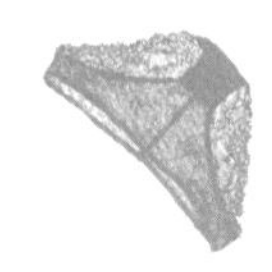

「裏モノJAPAN」読者投稿傑作選

後藤晋平（仮名）／東京 35歳 会社員

「ビートビート、そのリズム！」新宿2丁目コンビニ前に顔射されたがり女が出没中！

ゲイの聖地・新宿2丁目。昔からこの街は同性愛者のみならず、おかしな性癖を持つ老若男女にコト欠かないが、とりわけ、俺がつい最近その存在を知った女は、振りきれ方がちょっとフツーじゃない。変態具合も、意味不明の度合いも、ぶっちぎりなのである。

私の顔に精液をかけてくれる？

「裏モノJAPAN」2013年12月号掲載

2013年の9月初頭のことだ。2丁目の行きつけのバーで飲んだ帰り、妙な光景に出くわした。時間は深夜2時を少し回っていただろうか。

メインストリート沿いにあるコンビニ『シャインマート』の軒先で、ミニスカ女が両足をがっつり開いた状態でしゃがみ込んでいるのだ。もちろん水色のパンツは丸見え。一応、ケータイでメールを打っている体裁ではあるが、どう見てもわざとスカートの中身をさらしているようにしか思えない。さては痴女？

「こんばんは。ねね、オネーさん、パンツ見えてるよ。ごちそうさま」

酒の勢いもあり、下品な感じで声をかけてみたところ、女はクスッと笑ってこちらを見た。歳のころは30前後。女優の香里奈をすこし崩したようなそこそこの美人だ。

タマげたのは、直後、彼女の口から飛びだした台詞だ。

「私のパンツ見てどうだった？　ムラムラした？」

こりゃトンでもないタマを見つけてしまったようだ。もうヤレたも同然じゃないの？

「そりゃ興奮したよ。だってパンツを拝めたんだもん」

「じゃあ、勃起したオチンチン見せてくれる？」

「…へ？　いいよ。じゃホテルにでも行こうか」

「えー、やだよ。そこの駐車場でいいじゃん」

「駐車場…?」

何だか期待したものとは微妙に異なる展開になってきたが、ひとまず彼女の言うとおり、コンビニ裏手の有料パーキングへ行き、車の陰に隠れるようにしてチンコを引っ張り出す。

そこで彼女は目を輝かせて言った。

「ねえ、私の顔に精液かけて。できる?」

「…別にいいけど、フェラとかしてくれるの?」

「私は何もしないよ」

自分でシコんのかよ!

そうはいっても、見知らぬ女に顔射できるシチュエーションなんて滅多にあるもんじゃない。おもむろにシコりはじめるや、チンコはまたたくまに勃起した。

と、そこで妙な事態が。いきなり女が手拍子を打ち、イッキ飲みのコールのようなものを口ずさみはじめたのだ。

「ビートビート、そのリズム、ビートビート、その動き!」

シコリング中の俺をはやし立てて、盛り上がっているらしい。

シコシコシコ。

「ビートビート、そのリズム」

シコシコシコ。

「ビートビート、その動き」

こんな狂った状況でも射精できるのだから俺も大したもんだ。大量の精液をぶちまけると、女はドロドロの顔をハンカチでぬぐい、とても満足そうに頷いた。

「うん、よしよし。結構よかったよ」

まるで上司が部下にねぎらいの言葉をかけるかのような態度だ。とにかく、ここまで付き合ってやったのだから、今度は俺がお願いする番だ。が、彼女は「ホテルへ行こう」という俺の誘いを無視し、客待ち中のタクシーに乗り込んで走り去ってしまった。まったくもって意味がわからない。いったい何だったんだ、あの人。

射精に失敗すれば「マジで甲斐性ないね」

話はこれで終わりではない。それからわずか数日後、ふたたび俺は謎の女、ビートさんと遭遇する。

前回と同じコンビニの前を通ったところ、またしても通行人にパンツを見せながらしやがみ込んでいたのだ。

「先日はどうも」

「…誰だっけ？」

「このあいだ、キミに顔射したじゃん」

「そうだったっけ？　じゃあ、またやってよ」

半ば無理やり駐車場に連れこまれた。仕方なくチンコを握ると、さっそく妙な節を付けたあの歌が始まる。

「ビートビート、そのリズム、ビートビート、その動き！」

が、この日は駐車場の出入りがわりと激しく、そのたびにシコシコを中断するハメに。うーん、集中できん。

「ごめん、なんかイケそうにないわ」

思わず謝った途端、彼女は「ちっ」と舌打ちをした。

「はあ、何それ？　マジ甲斐性のない男だね」

怒りの目でギロリとにらみ、スタスタと歩き去っていく彼女。なんで罵倒されなきゃならんの。

さらにその翌々日も、ビートさんは2丁目に現れた。言うまでもなく、深夜、コンビニの前に座り込んでいたのだが、よく見るとその周囲に数人の男が佇んでいる。みなチラチラと彼女の様子を窺っているあたり、パンチラに釣られたのか。あるいはすでに顔射されたい女としての噂が広まってるのか。

まっすぐ、俺は彼女に近づいた。

「こんばんは。また顔射してくれる人を探してんの？」

「あなたやってくれる？」

「てか、なんで顔射されたいの？　家はどこ？　普段は何してる人？」

「……」

疑問を次々とぶつけると、彼女は急に口をつぐみしゃべらなくなった。ならば、これはどうだ。

「ホテルに行ってくれたらお小遣いあげるよ。どう？」

コンビニ前にしゃがみ込むビートさん。
その周囲には、彼女に声をかけたそうな男どもがチラホラ

そう言って手を引いた途端、彼女は「触らないで!!」と絶叫し、タクシーに逃げ込んだ。どうあっても顔射以外の関わりを持つ気はないらしい。

★

現在も彼女は2丁目に週2、3回のペースで出没している。時間帯は深夜2時～3時の間だ。興味のある人は、彼女にぶっかけてみてはどうだろう。それ以外のことはおそらく何もさせてくれないと思うけど。

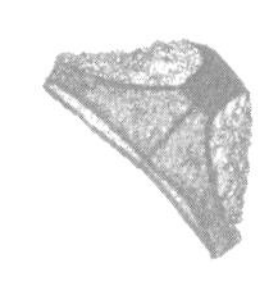

本当にエロい実話MAX

「裏モノJAPAN」読者投稿傑作選

山口良二／東京 50歳 会社員

たったの2千円で女に色々できる！『輪姦学校』はコスパ最高フーゾクか、金のかかるエキストラ男優か

2千円でアレコレできるなんて

今年の春。『輪姦学校』というホームページを見つけた。男が集団で1人の女に一斉に襲いかかる、いわゆる〝輪姦セックス〟の同好会みたいなサイトで、イベントに男性参加者を募っていた。

「裏モノJAPAN」2013年9月号掲載

『×月×日：マヤさん／男性募集人数10～15名』

『×月×日：ミホさん／男性募集人数10～15名』

どれも参加費用は『2千円』とある。

えらく安くないか？　ピンサロにも行けないくらいの金額でアレコレできるなんてかなりお得だ。これはヤラなきゃ損じゃね？

すぐさまサイトから申し込んだ。募集要項には選考があると書かれていたが、運が良かったらしく、すんなり当選を果たした。

当日。指示された現場は、新宿の撮影スタジオだった。男性参加者はオレを含め12人で、顔ぶれは30～40歳がメインだろうか。

スタッフの説明が始まる。

「みなさん、今日はよろしくお願いします」

本日は約1時間半のスケジュールらしい。

「サイトにも書かせてもらいましたが、みなさんのプレイはビデオカメラで撮影させてもらいます」

えっ？　そんなこと書いてたっけ？

「なお、撮影した動画はサイトで販売します」

マジで!?

「もちろん撮影に抵抗がある方もいるでしょうが、ご安心ください。みなさんにはマスクを着けて頂きますので」

仮面舞踏会みたいな仮装マスクが配られた。これなら顔バレはしなさそうだ。ま、2千円でいろいろできるんだし、納得するとしよう。

説明が終わると、別室から女が現れた。

「本日の主役、ユミさんです。27歳で、うちのサイトに興味を持って応募して来てくれた人妻さんです」

参加費が安いだけにブサイクというオチも想定していたが、なかなか上玉だ。にしても人妻さんもこんなサイトに応募したりするんだな。

さっそくプレイが始まった。

「では、みなさんで舐めてあげましょう」

スタッフから流れを指示されながら、男12人で彼女を攻めていく。

「今度は、みなさんのモノを彼女に舐めさせてあげましょうか。そうだ、Wノェラとかどうですか？」

面白そうじゃん。横にいたオッサンと一緒にチンコを突き出すと、スタッフのカメラがすーっと寄ってきた。むむっ、これはこれでなかなか楽しいかも。

ひとしきり絡み合った後は、ジャンケンで順番を決め、一人ずつ挿入していく。自分は7番手でブチ込んだ。

ふぃ〜。大満足っす。

パイパンプレイにナマ中出しまで

数日後、再びサイトに申し込んだ。たった2千円でAVみたいな乱痴気プレイが楽しめるんだから使わない手はない。

2回目。現場は同じく新宿の撮影スタジオだった。

「今日の女性は23歳のOLさんです」

現れたのは、80点レベルのルックスのコだ。いざ始まったプレイは序盤からかなり盛り上がる。

「今日は、彼女のほうからパイパンになりたいとの希望を聞いています」

このサイト、そんな企画までセッティングしちゃうんだ!

男性陣がぐるりと取り囲む中、スタッフがカミソリをかまえる。

ジョリジョリ。

かわいい割れ目がぱっくり現れた。彼女は恥ずかしそうに笑っている。男の一人が我先にとパイパンにしゃぶりつき、自分もそれに続く。

おっと、カメラが近寄ってきたぞ。ダブルクンニでも撮らせてあげるか！

その翌週の三回目は、いよいよぶっ飛んでいた。

「彼女はナマ中出しもＯＫなんで」

マジか？　ナマ中出しなんて普通は高級ソープじゃないとできないプレイなのに、2千円でヤレるんだ！

男たちが次々挿入していき、すぐに部屋にはザーメン臭が充満した。これぞ輪姦現場という感じですな。よし、オレも挿入だ。

ズボズボズボ。イク〜！

さらに発射後、スタッフからこんな提案が。

「今日はみなさん元気そうですね。もう一回イケる方で、ぶっかけ顔射やりますか？」

サイコー!!

★

冷静に考えれば、本来ならバイト代をもらえるはずのエキストラ男優役を、金を払ってまでさせてもらっている構図とも取れるわけだが、オレは十分に満足している。これからも参加するつもりだ。

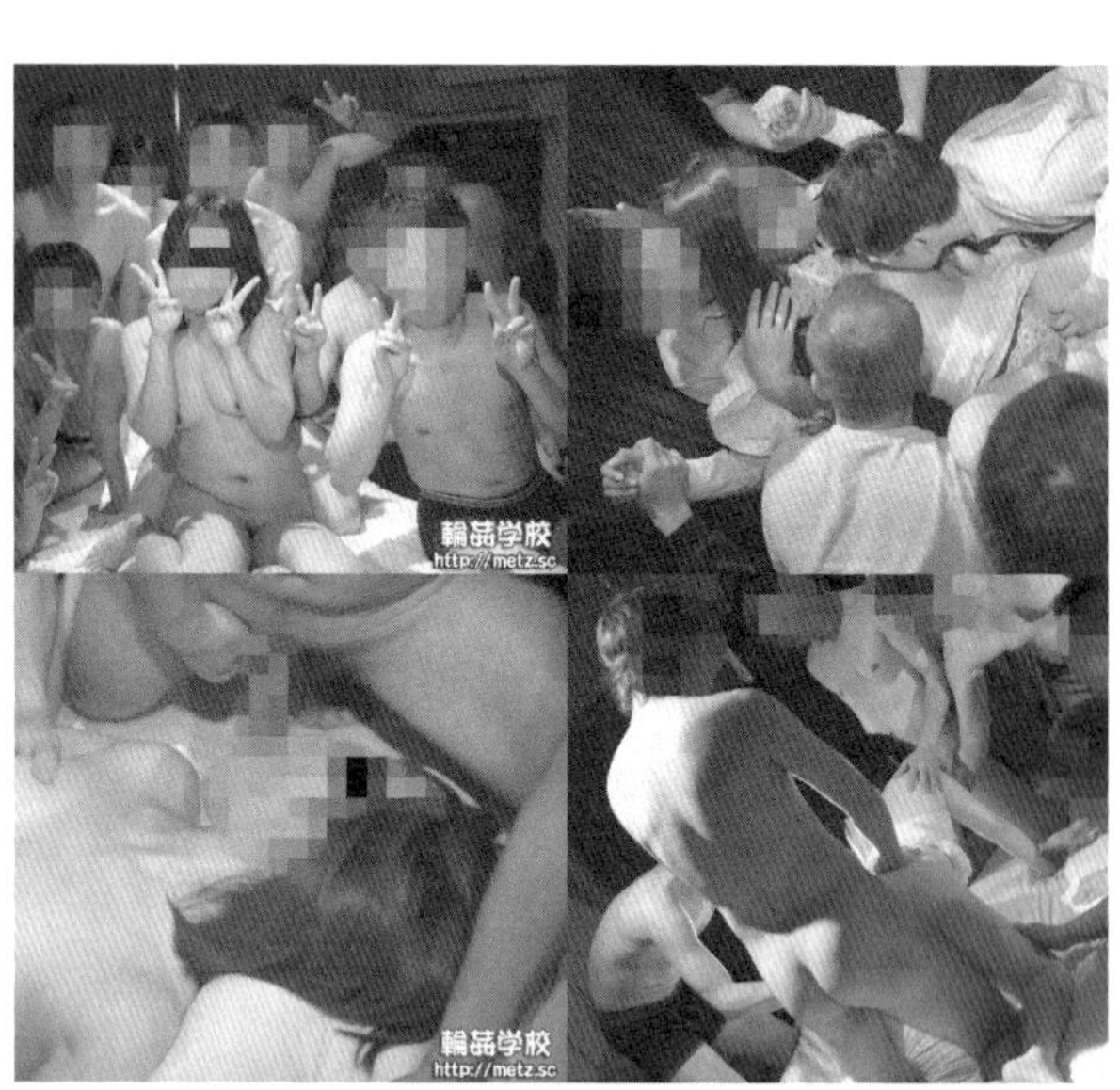

ホームページより

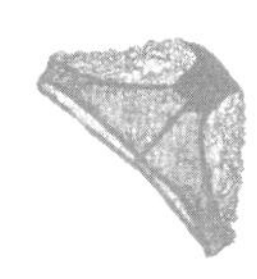

「裏モノJAPAN」読者投稿傑作選

私の父が経営するデリヘルには私と母の3Pコース私と妹の3Pコースがあります

匿名／京都 24歳 デリヘル嬢

小学校5年のとき、両親が離婚し、私と2歳下の妹は母親に引き取られた。

その3年後、母は再婚した。相手は仕事場で知り合ったお客さんで、温厚な見た目の男性だ。

やがて私は大学生に。両親が神妙な顔で、ある提案をしてきたのは、ちょうどそのころだった。私たち姉妹をダイニングテーブルに座らせ、2人は語りだした。

「お母さんの仕事、知っとる？」

「裏モノJAPAN」2015年9月号掲載

「…うん」

私たちは母が風俗で働いてることをなんとなく理解していた。

「お母さんとはそこで出会ったんや。お父さんがお客として通っててな。で、今度は自分でお店作って、そこでお母さんにも働いてもらおうってことになったんやわ」

要するに父がオーナーの風俗店を作って母に客を取らせようってことらしい。

私たちは冷静に答えていた。

「お母さんがいいなら」

2人が納得してやることなら私たちにはどうしようもないんだし。

こうして父は派遣型のヘルスをオープンさせた。

「お母さんと一緒に働かへん？」

三回生になる直前、大学を辞めた。ウツ病になり、人と接するのが怖くなったのだ。

家でだらだら過ごしていたところに、父が提案してきた。

「良かったらお母さんと一緒に働かへん？」

「…え？」

「お母さんと一緒に接客するんや。３Ｐコースってのを作ってな、そうしたら人と触れ合うことにも慣れてくるんちゃうかなぁ。もちろんオマエがええんやったら、の話やねんけどな」

考えとくと伝えた数日後、私は母に返事をした。

「一緒にやろうかなと思って…」

こうして父の店に『母娘３Ｐコース』が作られた。私の写真などは店に張り出さず、常連のお客さんに父（電話番）が提案する形でやるという。

数日後、家で待つ私のもとに父から電話が入った。

「お客入ったから事務所これる？」

ついにかぁ。母と一緒にエッチ（本番はナシ）するなんて…。

事務所で両親と合流し、父の運転でラブホテルへ。

「プレイについてはお母さんに教えてもらい」

「…うん」

「大丈夫やって。　私がついてんねんから」

ホテルの部屋へ。母がノックしてすぐに扉が開いた。

「うわ、ホンマに親子やん！　似てるな～」

「そうですよぉ。ウソつくわけないでしょ。ほら、挨拶して」

「…お願いします」

すぐ母にうながされて洋服を脱いだ。客が母と私の体を交互に見比べる。

「体つきもそっくり。お母ちゃんのほうがぽちゃやけどな」

「もう、うるさいわ〜。アハハ」

3人でシャワーへ。緊張する私をよそに2人は洗いっこをしている。

ベッドについたところで男性が笑顔を見せた。

「じゃあな、2人で舐めて？」

母が私に目配せをしてから顔をうずめていく。続けて私も。間近で母がおちんちんを頬張り、空いてる根元を私が舌で舐める。あんがい上手くできるもんだなぁと自分でも感心してしまった。

「たまらんわー！　じゃあ今度は娘さんがしゃぶって？」

言われるがままにポジション交代。正直に言えばセックス経験はけっこうあるほうなので、特に抵抗はない。母とこんなことしていいのかという葛藤さえも、ちんちんに集中することで忘れられた。

最終的に母がフェラ、私が乳首舐めをしながらフィニッシュ。

事務所に戻ったところで父に「あさって予約入ったで」と言われ、「うん」と答える自分がいた。

入店してきた新人は実の妹

この調子で、私は母との3P限定でデリヘル嬢を続けた。

そして1年、ウチの店に新人が入店してきた。何を隠そう、実の妹だ。

彼女は高校を卒業してからアルバイトをしていたのだが、なんと自分から父に「私も働きたい」と言ったらしい。それも、私と同じように3Pコース限定で。こんな母と姉を持った者としては自然な考えなのかもしれない。

とにかくそのような状況になり、店には新たなコースが設けられるようになった。『姉妹3P』だ。これは妹のたっての希望によるものだ。お母さんとの3Pは絶対にイヤなのだとか。

妹との初めての3Pの日が来た。お客さんは常連さんだ。

「しかしエッチな家族やなぁ。妹さんもこういう仕事はじめるなんて」

もじもじする妹に代わって私が答える。

「ちょっとウチの妹からかわんといてくださいよぉ」

妹は乳首を舐めるのにも私の顔を見ないように手で隠しながらやっていた。ダブルフェラもキツイらしく、首を横に振る。

そんな姿がお客さんには新鮮だったようで妙に褒められた。

「リアルでええわ、もう、自分らの好きにプレイして！」

初姉妹3Pプレイは、私の騎乗位スマタを妹が眺める形で幕をおろした。

★

現在も、ウチの店では『私と母の3Pコース』と、『姉妹3Pコース』が隠れメニューだ。今では妹も照れずにプレイしている。

店名を出すのは色々問題がありそうなので勘弁してほしいけど、京都にお越しの際は、ネットで検索してもらえればたぶん見つけられると思う。

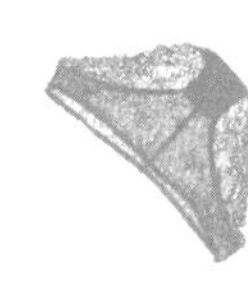

本当にエロい実話MAX

「裏モノJAPAN」読者投稿傑作選

「見てるだけならお茶してるのと一緒だよ」出会いカフェの茶メシ女をハプバーに連れて行くお楽しみ

高田康馬（仮名）／神奈川 34歳 無職

先日、馴染みの出会いカフェに足を運んだとき、顔見知りの常連オッサンの一人から茶メシ女に関する面白い話をきいた。ちなみに茶メシ女とは、お茶や食事に付き合うだけで小遣いをもらおうとする連中のことだ。

「茶メシ女のなかに、ハプバーに行ってくれるコっているんだよ。中に入っちまえばなし崩し的にヤれるし、カップル料金で入れるから安上がりで、いいこと尽くしだよ」

「ホントにそんなコいるんですか？」

「裏モノJAPAN」2014年4月号掲載

「セックスしなけりゃお茶してるのと変わんないしって言えばついてくるコもいるんだよな」

これはオイシイ。茶メシ代として女に払う額はせいぜい5千円。ハプバーの初回カップル入場料は1万円ほどだから、これでエンコーまみれじゃない女とヤれたら破格の値段だ。

それに、ハプバーに入れば3P、4Pも付いてくる可能性が高い。どう考えてもコストパフォーマンスに優れた楽しい遊びだ。

「兄さんもちょっと試しにやってみなよ。引っかかったらラッキーぐらいのノリでさ」

オッサンの話をうけ、その場でさっそく行動に移ったところ、わずか4人目、黒髪で夏帆風の21歳女子大生が思わぬ反応を示した。

「きみは普段ワリキリしてんの？」

「私はご飯かカラオケだけですね」

「それならよかった。バーでデートしてほしいんだよね」

「それだけ？　エロ系はなしですか？」

「うん、男女で入ると安くなるバーがあってさ。それにつきあってほしいんだよね。一緒にいてくれるだけでいいからさ」

「じゃあいいですよ」

さして訝しがられることもなく、無事に5千円で彼女を連れ出すことができた。

どうしていいかわからない表情で

カフェを出て、すぐに近くにあるハプバーへ。外観はスマートなバーとはほど遠いが、かといってエロい空気があるわけでもない。彼女はすんなりとついてきた。

ひとまず私服のまま2人でカウンターに座り、あたりを見回してみる。何人かいる単独男は、一定の距離をもって俺たちに熱い視線を注いでいる。5席ほど先では半裸の40代半ばくらいの熟女と色黒の50代男が互いに腰に手を回してイチャつき中だ。

その色黒男がニコニコしながらこちらへ近づいてきた。

「お兄さんら、初めて？」

「はい、このコも初めてなんですよ」

「初々しいもんね！　じゃあ、このコにはいきなり過激なことはできないなぁ」

そう言うと、男は連れの熟女の腰に右手を回し、左手で胸を揉み始めた。熟女もニコニコしながらこちらを見つめている。

「ほら、なにしてんの。兄さんもせっかくだからかわいがってあげてよ」

色黒男が俺の手をつかんで、さっと熟女の胸に持っていく。モミモミしてやると、女は薄く笑みをこぼした。

となりに座る夏帆ちゃんはというと、どうしていいかわからないといった表情で目線を外している。さすがウブなリアクションだ。

「ここ、どういう店なんですか？」

「なんでもアリなお店。でも見てるだけでいいからさ」

若い大学生でも、見るだけならばさほど抵抗はないのか、帰ろうとはしない。

このあとも、俺たちはカップルや常連客から次々に話しかけられた。「よかったらスワッピングしないか」「見せ合いしないか」などなど。もちろんこの手のお誘いは断らざるをえない。

再び、先ほどの色黒男が熟女を連れてこちらに近づいてきた。

「いまからあっち（プレイルーム）でちょっと遊んでくるから、兄さんらも、どう？」

「そうですね。見るだけなら」

「私はここにいます」

固辞する夏帆ちゃんの手を、熟女が引っ張った。

「どんなもんか、見るだけでいいから、ねっ」

茶メシ女がやっとここまでしてくれた！

4人でプレイルームに入り、色黒男&熟女がさっそくプレイをおっ始めた。

「ほら、ちゃんと感じてるとこ見せてやって」

大股開きで大げさにアエぐ熟女の声を聞きつけたのか、すぐにほかの客たちも続々とプレイルームへと入ってきた。

単独男の一人が塾女の生乳をもみ始めたことをきっかけに、みな次々に熟女の身体に手を伸ばし出した。当然、俺も参戦だ。夏帆ちゃんは一歩下がってその様子を黙って見ている。なんとか、彼女もこのままプレイに持っていきたいのだが。

「もっと近くに来なよ」

「いえ、私は見てるだけの約束なんで」

熟女は、挿入されながら男たちのチンコを順番に手コキし始めた。ここで、興奮してきた男の一人が振り返って夏帆の手を摑んだ。

「お姉ちゃんも、ちょっとだけ、ほら」

そのまま手を自らのチンコの方へ持って行こうとする。俺も、その男に便乗してチンコを差し出す。

「こっちも触ってよ」

「それはできないですって」

「じゃあほんの一瞬でいいからさ」

すると、彼女は黙って俺のチンコを握ってスコスコと動かし始めた。茶メシ女がやっとここまでしてくれた！

あとはなし崩し的にセックスへ持っていきたい。手コキさせながら彼女の胸に手を伸ばす。

ところが、

「それはマジで無理です」

★

残念ながら雰囲気にまかせて最後まで、とはいかなかったが、清純そうな茶メシ女が流れに身をまかせそうになるあの光景は見ものだったと思う。今後もガンガン実践していきたいものだ。

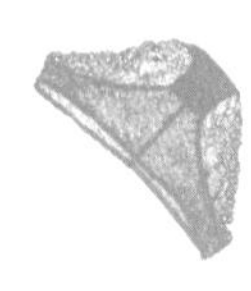

本当にエロい実話MAX

「裏モノJAPAN」読者投稿傑作選

『家計の足しにしたいので助けて…』オレが遊んだ自宅エンコー女は、どうやら同居の母親公認のようでした

坂田健一／大阪 41歳 自営業

先月号の「裏モノ」で自宅エンコー女の部屋を訪問する記事がリポートされていたが、俺もつい先月、自宅エンコー女の家で遊んだ。ちょっと驚きの展開だったので報告しよう。

その女の書き込みはこんな感じだった。

『アイコ　ポチャ系の25歳です。私の家で会える人、家計の足しにしたいので助けてください』

ポチャ系とあるので悩んだものの、条件1万円をぶつけてみたところ、あっさり『い

「裏モノJAPAN」2014年5月号掲載

いですよ』との返事が。低レベルなのは確定したが、ま、行くだけ行ってみるか。

友達がシャワーなんか使わないだろうよ

大阪郊外のとある駅前で待ち合わせして、メールで到着を告げると、女はそこからさらにバスかタクシーに乗ってくれと命じてきた。仕方なくバスで指定された場所へ向かう。

やっとこさ降りたところで、さびれたバス停に太めの女が立っていた。

「こんにちは〜」

「あ、どうも」

自己申告通りのぽっちゃり体型だが顔はまあまあの60点クラス。これで1万円ならまあいいだろうと、二人して彼女の部屋へと向かう。

到着したのは一軒家だった。家の前にはボロい自転車が2台置かれ、勝手口のような小さい玄関の横には手書きの表札が。これ、家族と一緒に住んでるんじゃ？

小さな玄関のドアを開けると、靴が散乱していた。絶対一人暮らしじゃないだろ。

「どうぞ上がって」

「うん。家に誰かおるん？」

「お母さん。テレビ観てる」

女が居間の方向を指差す。

「え？　大丈夫なん⁉」

「うん大丈夫。私の部屋2階やし」

いや、そういう問題じゃなくて。せめて留守ならわかるけど、今まさにテレビ観てるんでしょ？

狭い階段を登り、6畳ほどの部屋に案内された。布団は敷きっぱなしだが、意外と片付いていて、小さなテーブルの上にはプリングルスの缶がキレイに数本並べてあった。

「プリングルス好きなん？」

「いまハマってんねん」

デブの原因はそれか。

布団に座って会話をかわしているときに、階段を登ってくる足音が聞こえた。

コンコン。え、入ってくんの？

「はーい」

彼女が部屋のドアを開けると、太った中年女がお菓子とジュースを持って立っていた。

これが母親か。

「じゃ、ごゆっくりー」

ドアが閉まる。

「今のお母さん？」

「そうやで。これ食べたらシャワー浴びよっか」

「うん。ホンマに大丈夫？」

「え？　なんで？」

「いや……」

あの母親はただの男友達と思ってるんだろうけど、普通、友達がシャワーなんか使わないだろうよ。そもそも、この部屋でセックスしたら下に響くんじゃないのか。

パンツ一丁で母親の横を通りすぎるんだな？

援交代金1万円を受け取ったところで彼女が立ち上がった。

「じゃ、お風呂行こ」

女の後を追って一階にそろっと降りる。居間でテレビを観るお母さんに会釈をして、そのまま風呂場へ。いいのか、これ？　娘と男友達が風呂場へ消えたんだけど、いいのか？

心配をよそに、彼女は脱衣所でも声をひそめない。

「ほら、早く脱いで」

完全に脱ぎきったところで、彼女も全裸になった。うわー、カギもついてないのにヤバイっしょ。

まるで風俗店のようにシャワーで身体を洗ってもらい、汚いハンドタオルで体をふく。

「2階もどろーか。パンツのままでええからね」

そうなのか、そういうルールなのか。パンツ一丁で母親の横を通りすぎるんだな？

もうどうにでもなれと、パン一のまま自分の服を持って、コソコソと脱衣所を出る。

母親の視線はテレビに向いたままだ。セーフ！　…ってことでいいのか？

部屋に戻り、すぐに女はチンコをパックリ口にくわえてきた。テクはイマイチだが、長時間舐められているうちにカチカチに。

「ゴム使う？」

「うん、使おうかな」

「じゃ、はい」

女がベッドサイドに置かれたカラーボックスの中からコンドームを取り出し、そいつを装着していざ挿入。部屋の揺れのことなど構わずに、ガシガシ腰を振って、あっという間にフィニッシュを迎えた。一万円ならまあ満足か。

★

帰り際、玄関で靴を履いていると、母親がやってきた。

「どうも、わざわざありがとうございました」

ありがとう？　ありがとう？　てことは公認ってこと？　そういえば書き込みに、家計の足しにすると書いてあったし、この母子はこれで食

っていってるのかもな。

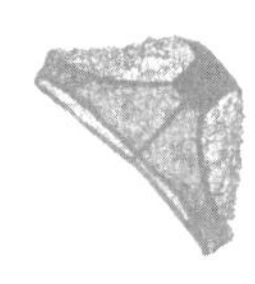

本当にエロい実話MAX
「裏モノJAPAN」読者投稿傑作選

竹中さとし／東京 42歳 自営業

第一声は「芸能の仕事してますか？」AV出演経験アリの女ならエンコーには応じるものだ

エンコーのハードルなんて無きに等しい

お恥ずかしながら買春が大好きで、金さえあれば遊べる女を探している。

「裏モノJAPAN」2016年6月号掲載

その際は出会いカフェや援交サイトを使うことが多いが、やはり楽しいのは、売春が前提じゃない場所、たとえばガールズバーなんかで「小遣いあげるから」と切り出し、手応えがあったときだ。砂漠で宝物を見つけたときのような興奮と言おうか。

今回紹介するのは、そんな私が編み出した、道ゆく女にエンコーを持ち掛ける方法だ。その方法を思いついたのは、テレビのワイドショーで、コメンテーターのAVスカウトマンが語っているのを見たのがキッカケだ。

「最近は、一般女性のAV出演に対するハードルがすごく下がってるんでスカウトがしやすいですよ。東京の繁華街だと、50人に1人くらいはホイホイついてきますんで」

この話、私はすんなり納得した。日ごろ買春をやりまくっているため、世の中に金でマタを開く女が多いことが肌感覚としてあったからだ。

そこで脳みそが高速で回り出す。

巷のAVスカウトマンたちが素人女を50人に1人というハイペースでAV送りにしているってことは、どういうことか？　町にAV出演経験アリのコが溢れているわけだ。

彼女らは、小遣い稼ぎのためにカメラの前でマタを開くまでやった連中。エンコーのハードルなんて無きに等しいだろう。町で上手く見つけてアプローチできないだろうか？

ていうかAV（ヴィ）のスカウトですか？

方法を練りに練った末、池袋の繁華街、サンシャイン通りで実行してみることに。目に留まった女の子に片っ端から声をかけてみる。

「あれ？　もしかして芸能の仕事してますか？」

ＡＶ女優を芸能人カテゴリーに入れるのは間違っていないだろうし、この聞き方なら、女の注意を引きやすいのではという算段だ。

そして相手がはにかんでくれた場合は、それとなく尋ねる。

「ていうか、ビデオとか出てましたっけ？」

この2ステップ作戦でアプローチし続けること20数人目、大学生っぽいギャル風に声をかけたところ、

「ビデオ？　別にぃ…」

「かるーく1本くらい出てそうなんですけど」

「ははは」

「もしかして10本くらい出ちゃってる？」

「いや、そんなには。ていうかＡＶ（ヴィ）のスカウトですか？」

ターゲット発見！

「いや、スカウトとかではないんだけど。すごくカワイイんで気になって。ここだけの話をしたくって」

「えっ、何？」

「よかったら、ギャラはちゃんと払うんで、遊んだりできません？」

「あっ、そういう感じね…。まぁ値段によるかな」

食い付いてきたぞ！

かくして1万5千円＋食事という条件で話がまとまり、いざド興奮の割り切りセックスへ。プレイ後に聞いてみると、彼女は企画モノに3本くらい出たことがあるとのことだった。大成功だ。

というわけで、以降同様の手口で町の女にエンコーを持ち掛けている。毎回、30人くらいアプローチすれば、ＡＶ出演経験アリの子が見つかるのだから、まったく世も末というべきか（自分のことは置いといて）。興味がある方、お試しあれ。

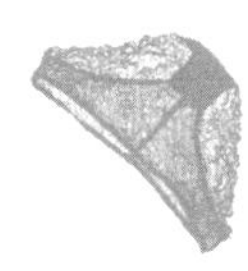

本当にエロい実話MAX
「裏モノJAPAN」読者投稿傑作選

河口洋平／東京 33歳 無職

スタンプラリーの転売ちゃんもお小遣いをあげれば脱ぐことがわかりましたよ

金はないけどヒマはある人種

ヤフオクを見ていると、ある商品が目にとまった。首都圏のJR駅を舞台に開催中（当時）の『ドラゴンボール・スタンプラリー』、その全65駅を制覇したスタンプ帳だ。複数出品されており、だいたい7千円前後の入札が

「裏モノJAPAN」2017年4月号掲載

入っている。地方のドラゴンボールファンが買っているのかな…。

ってことは待てよ?

JRのホームページをチェックしてみる。白紙のスタンプ帳は駅でいくらでももらえ、その気になれば2日で制覇できそうではないか。

仮に10冊持って回り切り、すべてをヤフオクに出品すれば大儲けだろう。幸い、オレは現在無職で時間はたっぷりある。チャレンジしない手はない。

翌日、午前中から行動を開始した。東京23区内のJR1日乗り放題パス(750円)を購入し、スタンプが置いてある駅を回っていく。

中野『ブルマ』、東中野『孫悟空』、大久保『バブルス』、新宿『ヤジロベー』――。回り始めてまもなく気づいたが、スタンプ帳を何冊も持った、おそらく転売目的らしき連中もチラホラいる。その中には、若い女の子なんかも。

ふと、先月の読者様のページのことが頭をよぎった。表参道の行列に並ぶ転売バイトちゃんにお小遣いを渡して、エッチな写真を撮る話だ。スタンプラリーの彼女らも、連中と同様に金はないけどヒマを持て余している人種なわけで…。

そんなことを考えながら回ること十数駅目、上野。改札を抜けた先のスタンプ台でペタペタしていると、スタンプ帳を3冊持った若い女の子がやってきた。転売ちゃんかも?

何気にしゃべりかける。

「おねーさんもたくさん持ってるね、スタンプ帳」

「いや、まぁ、はい」

「ぼくはぶっちゃけ転売目当てなんだけど、もしかして、キミもそういう系？」

「ははっ。まあ、学校の友達に売る感じで」

やはり小遣い稼ぎ系だ。学校ってことは、大学生とかか？

ブラジャーがめくられ、ピンと立った乳首が

思い切って切り出してみた。

「よかったら、そのへんのカラオケボックスとかで、下着の写真とか撮らせてもらえないかな？　お礼として3千円払うんで」

どうだろう？　さすがにあやし過ぎか？

「大丈夫ですよ」

あら、食いついたぞ！　さすが貧乏なヒマ人だ。

近くのカラオケボックスに入り、さっそく下着の写真を撮らせてもらう。

ここからが本番だ。

「一瞬でいいんで。胸をチラッと、どうかな。ほら5千円払うんで」

「いやいやいや」

さっと5千円を取り出し、相手の目の前に突き出す。さぁどうよ?

彼女は少し考え、苦笑いしながら金を受け取った。

「じゃあ、ちょっとだけなら」

よっしゃー!

ブラジャーがめくられ、ピンと立った乳首が現れた。ありがとうございます!

ならばと、さらにスカートを脱いでとか手コキをしてとかお願いしたが、それは無理。

しかしエロ写メを撮らせてもらえたので大満足だ。いやー、転売ちゃんって、本当にユルいんですなぁ。

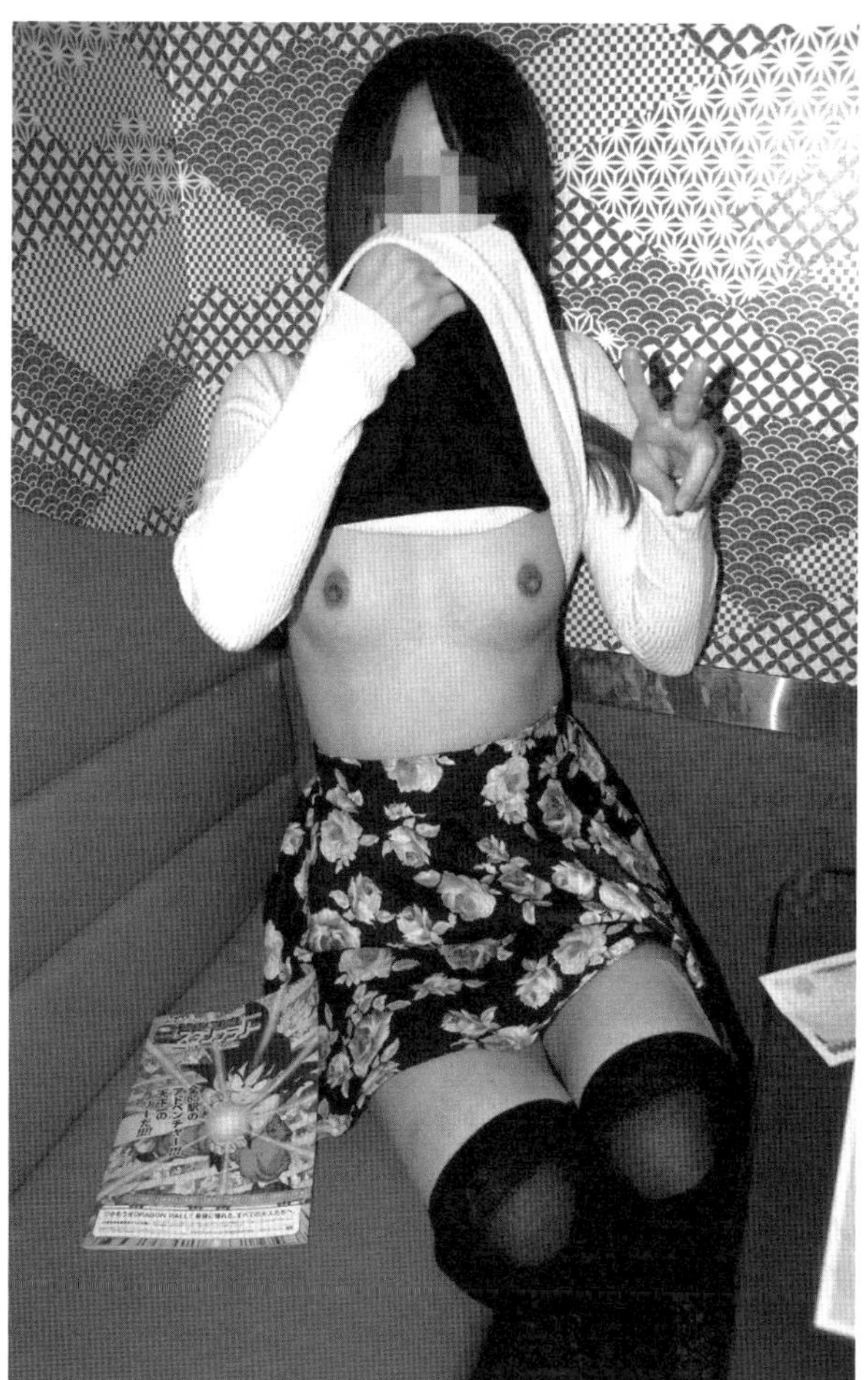

最近の子は軽いもんですね

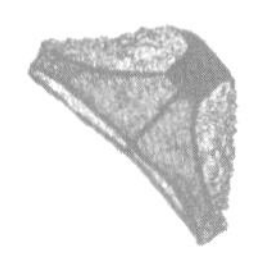

幸田ケンゴ／東京 32歳 アルバイト

ランダムトークアプリ「ロンリー」にテレセが好きな若い子がわんさか集まってます

ランダム通話アプリの「ロンリー」をご存知だろうか。

無作為に選ばれた利用者同士で会話できる仕組みで、以前大流行した「斉藤さん」と同じだと思ってもらえればいい。

この「ロンリー」がいま、若くてムラムラしてる女の子と簡単にテレセが楽しめる、実にナイスな状況になっている。

コトの発端は１カ月前、ネットのエロ系掲示板に『ロンリーでテレセ相手でも探そう

「裏モノJAPAN」2018年12月号掲載

かな』という女の子の書き込みを発見したことだ。口コミを見てみると、「斉藤さん」よりも女の子の利用者が多いと書かれていたので、すぐにインストールした。

アプリの仕組みはシンプルで、簡単なプロフィールを作ったら「通話」ボタンを押すだけ。すぐに誰かと繋がるので、女性の名前なら再度通話ボタンを押せば会話できるし、男の名前だったら切ればいい。男女比はおよそ7対3ぐらいだ。

ちなみに「動画通話」も可能だが、そいつはなかなか難しかろう。「音声」のみで満足するほうがよさそうだ。

最初に繋がった子は、甘ったるくて少しオツムの弱そうなしゃべり方をする若い女の子だった。

「もしもし」

「あ、もしもし～」

「いまどこにいるの？」

「え～いま？　おウチ」

「そうなんだ。なんでこのアプリ使ったの？　寂しいの？」

「うん、そんな感じかな。お兄さんは？」

「オレ？　ちょっとムラムラしてきたから試してみたんだよ」

「そういうことか〜なるほど〜」

「ねえ、ちょっとおっぱい触ってみてよ」

「え〜…うん…」

なんとなく甘えた雰囲気だったのでストレートに仕掛けてみたら見事に乗ってきてくれた。オッパイイヤならすぐに切ればいいだけなので、彼女もその気だったんだと思う。

オッパイを揉ませ、パンツの上からクリをいじらせていくと、「はあ、はあ…」と喘ぎ声が大きくなっていき、最後には「中に入れて、激しく突いて〜」などと言いながら絶頂へ。かなり積極的なテレセが楽しめた。

「おっぱい大きそうな声してるよね」

その後もヒマをみては「ロンリー」を試してみた。

昼間の明るい時間や、逆に深夜の時間帯は男性がやたら多く、夕方から夜10時ぐらいまでの間なら、比較的女の子の出る確率が高いことがわかってきた。

2人目のテレセ相手は夕方5時くらいに繋がった子だ。

「こんにちは〜。いまどこにいるの？」

「いま？　カラオケですよ」

ヒトカラに来たという若い女の子で、ムラムラしてるから電話したと伝えると、クスクス笑いながら話につき合ってくれる。

「なんかさ、おっぱい大きそうな声してるよね」

「え〜わたしCカップだよ」

「ほんと？　でもDに近いCじゃない？」

「うん、当たり。アハハ」

こんな感じで話題を下ネタに振ったところ「ホントは私も一人で個室にいたらムラムラしてきてロンリー開いたの」と告白してくれ、それならばということですぐにテレセになった。

ちなみにこの「オッパイ大きそうな声してるね」というセリフは、相手が下ネタOKかどうかの判断に便利なので、皆さんも使ってみてほしい。

3人目は、夜8時ぐらいに繋がった女の子で、おっぱいトークでEカップだと答えてくれた巨乳娘だ。

軽くテレセでイカせてあげてから、おっぱい写真を送って欲しいと頼むと、素直に送ってくれ、ついでに顔も見たいと頼んだら、とんでもないブスの写真が送られてきたのでそこで終了。

4人目は、夕方4時くらいに繋がった子で、これから野球観戦に行くと言っていたテンション高めの女の子だ。

例のごとくおっぱいトークを振って、ムラムラしてると伝えたところ、あっさりテレセに応じくれた。

わずか1カ月の間に4人の若い素人ムスメとテレセできたことになる。けっこうすごいと思いませんか？

14:47
LONELY
通話を開始する
通話広告を非表示
sponsored ads
通報ご協力のお願い
Android版で
未実装の機能について

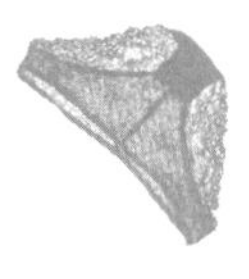

「裏モノJAPAN」読者投稿傑作選 本当にエロい実話MAX

小峰サトシ／神奈川 38歳 自営業

舌を左右に切り裂くスプリットタン風俗嬢のフェラを堪能してきた

舌先を切って左右2つに分ける「スプリットタン」と呼ばれる身体改造法がある。どうしてそんな恐ろしい真似をするのかまったくもって理解不能だが、タトゥやボディピアスが好きな若い子たちの間で密かに増えてるんだとか。

そこで気になるのは、やはりスプリットタン女子のフェラチオ具合だろう。二手に分かれた舌でチンポをネロネロされたら、異次元の快感が得られそうではないか。ぜひ一度味わってみたい。

「裏モノJAPAN」2019年6月号掲載

切るときはけっこう痛いですね

ネットで探しまくったところ、都内の風俗店に何人かスプリットタン嬢がいることがわかった。

その中から、某デリヘルで出勤予定のあったRちゃん（28歳）の予約を取った。お店のホームページには、黒髪で色白な女の子の写真。スプリットタンで舌技に定評アリ、との紹介文もある。これは期待できそうだ。

レンタルルームに入って待つこと10分、コンコンとドアがノックされRちゃんが現れた。

「よろしくお願いします。おじゃましま〜す」

「どうぞどうぞ」

パネル写真と比べると、顔が3割減、体型も少し太って見えるが、まあ許容範囲だ。

料金を支払い、お店への連絡が終わったところで、さっそくその自慢の舌を見せてもらおう。

「スプリットタンなんでしょ。見せてもらえる？」

「はい、こんな感じですよ～」

Rちゃんが舌をペロッと出した。うわ～！　すげえ！　本当に二つに割れてる。蛇みたいだ。しかも分かれた舌に、ピアスが何本も刺さってるぞ。

「ピアスもついてるね」

「全部で5つですね。左右に2つずつと、真ん中に一つ」

「それは自分でやったの？」

「スプタンもピアスもお店でやりましたよ」

スプタンはボディピアス専門スタジオでやるのが通常らしく、驚いたことに、すべて麻酔無しで切るらしい。マジで？　失神しないの？

「なんか、麻酔使うと医療行為になるからダメらしいですよ。なので、切るときはけっこう痛いですね。しばらくご飯も食べれなくなるし」

あまりにショッキングな話のせいでチンポが縮んでしまったよ。手術の詳細は気になるけど、これ以上は聞かないでおこう。

ちなみに彼女の耳にも大量のピアスが刺さり、脚にはポイントタトゥもあった。この手の身体改造が趣味なんだろう。

二手に分かれた舌が、裏スジを挟むように

2人でシャワーを浴びてベッドへ移動する。

「じゃ、仰向けになって寝てくださーい」

すぐに彼女が覆いかぶさってきた。まずはキスだ。奥に舌を入れると、ピアスがついた2枚の舌がコリコリと絡みついてきた。なんだか不思議な感覚だ。

続いてねっとりとした乳首舐め。ピアスのコリコリ感と、二筋の舌の動き。これは気持ちいいかも。さっきまで小さく縮こまっていたチンポもいつの間にかガン勃ち状態だ。

徐々に彼女の顔が下がっていき、ついにフェラが始まった。

玉舐めから、じわじわと裏筋部分を舐めあげるRちゃん。二手に分かれた舌が、竿の裏スジを挟むようにして舐めあげる。

「おお、すごいね…」

普通の舌とは明らかに違うこの「挟み舐め」の快感は独特だ。気持ちいい。

続いてパクッっと咥えられ、ゆっくりと上下にストロークが始まった。

亀頭やカリ部分に当たるピアスのコリコリ感が気持ちいいが、こうして普通に上下運

動されてしまうと、普通の女の子のフェラと、そんなに変わらない気がする。

「Rちゃん、今は挟みながら舐めてくれてるの？」

チュポッ（チンポを抜いて）

「はい。挟んだり回したりしてます」

パクッ（再び咥える）

「その舌って左右別々に動かせたりするの？」

チュポッ（チンポを抜いて）

「あ～、いま練習してるんですけど、まだそこまでうまくできないんですよ。知り合いの子なんかは別の生き物みたいに右が上、左が下、みたいに自由に操ってますね」

パクッ（再び咥える）

それはぜひとも練習して体得した方がいいと思います。

深々とディープスロートされたと思ったら、2枚舌でチロチロ亀頭を舐めたりと、緩急の効いたプレイが続き、すぐに絶頂感が近づいてきたので攻守交代。

クンニでは、クリの皮に刺さったボディピアスを見て少し萎えつつも、最後はゴム本番で2枚の舌を堪能しながらキスをしつつ、たっぷり放出したのだった。

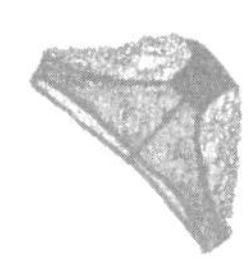

「裏モノJAPAN」読者投稿傑作選

私のウンチは食べやすいと評判！スカトロAV女優29歳、クソにまみれた半生を語る

吉沢ミレイ（仮名）／匿住所 29歳 スカトロAV女優

ウンチやオシッコが登場するスカトロAV。かなりハードコアな内容なので、オカズにしてる人はいなくても、興味本位で見たことがある人は少なからずいるだろう。

なぜ、私がスカトロAVに出演するに至ったか、そしてその実状を皆様にお伝えしたい。ただし食事中の方は読むのを控えたほうがいいかもしれません。

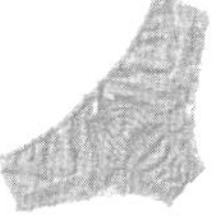

「裏モノJAPAN」2019年5月号掲載

初めてのスカトロ体験は援助交際の相手

スカトロに関する最初の記憶は、5歳にまでさかのぼる。小学校に入る前の幼いころに印象的な体験をしたのだ。

当時は男女問わず、連れションン感覚で友達と一緒に外でウンチをして遊んでいた。ちょっとトイレするから一緒に行かない？　みたいな感じだ。性別を意識するような年齢でも性に目覚めていたわけでもないが、友達の目の前でウンチをした経験がなんとなく頭の片隅に残っている。特殊な経験だってことは、幼いながら感じていたのかもしれない。

とはいえ、スカトロに携わるようになって思い返してみればという程度なので、そこからウンチが好きになったわけではなく、あくまで興味を持つキッカケに過ぎない。

その後はごく普通に年を取り、中学で初めての彼氏とエッチをするような、人と変わらない青春を送っていた。

そんな中、高校時代に一つの転機が訪れる。

隣町の高校に通っていた女の子と友達になったのだが、その子が援助交際をやっていたのだ。

その影響で小遣い稼ぎのためにエンコーを始めた。当時はクラスの女子のうち5人に1人くらいの割合でやってたし、お小遣いが手に入るなら別にいいかという軽い気持ちだ。

1回の値段は3万くらい。出会い系サイトを使って募集をしていた。

その中で17歳のときに出会った40代の男性と初めてのスカトロプレイをすることになった。

ホテルに入るや、彼にこう言われたのだ。

「浣腸がしたいから、ソファの上に座ってくれるかな?」

特に断る理由もなかったので了承し、M字開脚の状態で拘束されソファの上に座り、浣腸をさせられた。

このときのことははっきりと覚えている。

何分か我慢していたのだが、限界を迎えてしまい、思わず強い口調でキレてしまった。

「あー、もう出るんだけど! トイレ行きたい!」

人前でウンチをすることに抵抗があったのだろう。

しかし、ブリブリブリと無情にも肛門から柔らかい水状のウンチが飛び出した。恥ずかしいのだが、なんとなく気分がいい。異常なまでの開放感があった。

その間、男は私の局部をジーっとガン見している。漏れたウンチをそのままにして、セックスしてから3万をもらった。約束の金がもらえるなら文句はない。

プレイ後にベッドで休んでいたら、男が私のウンチを片づけ始めた。その光景にますます興奮した。年上のオッサンが私のウンコを片づけてるのを見て快感が押し寄せてきたのだ。ここでなにかに目覚めたのだろう。

その後も定期的にそのオッサンとだけはスカトロエンコーをしていたので、高校生の時点で人前で糞尿することに慣れていたんだと思う。

現場で一番大切なのはウンチの物撮り

高校を卒業してからは専門学校へ。そこから普通に就職して働き始めた。

とはいえ性への好奇心は捨てきれず、何となく悶々としていたところで高校時代にエンコーを教えてくれた友人に再会したのだが、驚くことに、その子がAVに出演していたのだ。

「よかったら、ミレイもAVやってみない？」

これに二つ返事でOKした。エンコーでお金を稼いでいたので抵抗感はなかったし、それよりも撮影の現場がどんな雰囲気なのかっていう好奇心のほうが強い。最初のきっかけは軽い気持ちだ。有名になりたいって欲も少しはあった。

初めての作品は女子高生が援交するという企画モノ。本当はもっとハードな内容にチャレンジしたかったのだが、プロダクションの意向で出演できなかった。清楚系の作品を主に取り扱っていたのだ。

しかし、期待していたほど撮影現場で驚きはなかった。ま、制服でエッチするだけなので、実際に高校時代にエンコーしていたのと大差はない。

結局、もう一本別の企画モノに出演してから、他のプロダクションに移籍した。

当時からすでに本物の元アイドルがAVに出演する時代、凡人が有名になるにはもっとハードなことをやらなくちゃという思いがあり、別のプロダクションの面接では「なんでもやりたいです！」と宣言した。

NG項目のチェックのときにも、スカトロやハードSMの項目に了承をした。

そして23歳で初めてのスカトロAVに出演することが決定。私を含めて4名の女優が出演した。

事前に当日朝のウンチは控えるように言われて、都内の駅前に集合した。

そこで、他の女優さん、スタッフさんと合流。千葉の山奥の撮影現場まで車で連れていかれた。撮影の緊張よりも便意がものすごくて、我慢するのが大変だったのを覚えている。

2時間かけて、ようやく現場に到着。古民家風のスタジオでスタッフさんに案内をされた。

「出せる方から順番に始めていきます」

スカトロAVで最初に行うのが排便の撮影だ。これが一番大切。縁側に座り、カメラが肛門の近くに設置されて、もう一台で私の顔をアップにする。何人もの前でウンチすることには少しだけ戸惑ったが、エンコーでプレイした経験もあり、すんなりと排便に成功した。朝から我慢していたのでキレイな一本グソだ。

その日は服もほとんど脱がずに、ウンチをしただけで撮影が終わった。スカトロAVのメインはあくまでウンチなので、女の裸やセックスは二の次で絡みもないのだ。

そのせいかギャラもさして変わらない。だいたい、普通のAVの1・2倍程度だ。スカトロの方が若干高いだけだ。

初めての女優さんのなかには、どう頑張ってもウンチできずに終わってしまうこともある。

実際、他の撮影では、何時間かけても出せず、そのまま撮影が終わりという女優さんもいた。朝から我慢しているので簡単に出そうなのだが、どれだけ頑張っても人前では拒否反応を起こす人もいる。これは体質なのだろう。その場合は浣腸で排泄を行う。

黄金メニューはサラダ、麺類、デザート

何本かの撮影を続けるにつれ、スカトロというジャンルの中にもいくつかの種類があることを知った。

男優は一切登場せずに女の子がウンチする瞬間だけを切り取ったものや、女優が自分のウンチをパクパク食べる作品などだ。中でもマニアに一番人気なのが、嫌がる男優に無理矢理ウンチを食べさせるジャンルだ。

男優の口の中に直接脱糞を行い、こぼれればトングで拾って無理矢理にでも口の中に押し込む。

慣れている男優なら涙ぐみながらでも、食べることができるが、中にはゲロを吐いてしまう人もいる。本来食べ物じゃないんだから当然なのだが。

そしたら戻したゲロとウンコを混ぜて、さらに口の中に突っ込む。

嫌がりながらも、全員がウンチは「おいしい」と答えるから不思議だ。味は苦いのかしょっぱいのか聞いてみても「おいしい」としか答えてくれない。たぶん他に形容できない味なんだと思う。

こんな大腸菌の塊を食べて心配だが、いままで撮影現場で具合が悪くなった男優を見たことがない。

しかし後日、姿を消してしまうことは何度かあった。そういえば、あの人どこの現場でも見なくなったなって、話題に上ることはある。それがウンチを食べたことが原因かどうかはわからないけど。

それにツライのはスタッフも女優も同じだ。

特に現場のニオイは尋常じゃない。近所の人に撮影内容を気づかれたらマズイので部屋を密閉する。夏場はモワっと部屋中がウンコのニオイで充満する。普通の人なら嗅いだだけで気分が悪くなると思う。

中でもイヤなのが髪の毛にニオイが付くことだ。このときの注意として絶対普通のシャンプーを使ってはいけない。香料のフレグランスとウンコが混ざって、余計にイヤなニオイが強調されるからだ。

無香料の石鹸を使うか、お湯で洗い続けるのが一番効果的だ。

他にもウンチを出すコツを学んでいった。そこで発見したのが食べやすいウンチを出す黄金メニューだ。

サラダ、麺類、そしてデザートを順番に食べるというもの。これが最も食べやすいウンチを出せるメニューだ。

大事な撮影の前日には、5件以上のファミレスをハシゴして、このメニューを食べまくる。そしてひたすら我慢をつづければ翌日のウンチはものすごい。

両手に収まらないほど、山盛りの量のウンチを一度に出すことができるようになる。

実は私のウンチは食べやすいと評判がいいのだ。中にはパサパサで食べにくいウンチもあるのに、私の場合は水分の割合が絶妙なんだと。こんなことで喜んでいいのかわからないが、少し自慢だ。

意外に思われるかもしれないが、プライベートでは一切スカトロプレイをすることはない。

撮影の現場だけが異常な雰囲気でテンションが上がっており、男優に何をしても怒られないという非日常な空間が、イジメてやりたいという気持ちを駆り立てるのだ。

第3章 エロ知恵

ネットの掲示板で仲間を募り、満員電車の中で女の体を触りまくる集団痴漢の非道な手口

「裏モノJAPAN」読者投稿傑作選 本当にエロい実話MAX
斉藤平助／埼玉 40歳 会社員

２００８年12月、一つの事件が起きました。ネットの呼びかけに集まった4、5人の男たちが、ＪＲ埼京線内で若い女性に集団痴漢を働いた挙げ句、2人が逮捕されたのです。「裏モノ」的にはさして珍しい事件ではないのかもしれません。が、これは氷山の一角。集団痴漢を働く男は想像以上に多いのです。

本日は、かつて集団痴漢の常習者だった私が、女性に対する警告の意味も込め、その手口を洗いざらい公開いたしましょう。

「裏モノJAPAN」2009年3月号掲載

面識がなくとも、みな雰囲気でわかる

私が痴漢にハマり始めたのは今から5年前。会社の帰り道、満員電車の中で、ついつい目の前の若い女性のお尻を触ってしまったのがきっかけでした。

悪いことだとはわかっていました。元より妻も子供もある身、家のローンだって残っています。逮捕される危険を考えたら、やめておくのが賢明でしょう。

が、どうにも抑えがきかないのです。なにも直接ゆびを突っ込んだりするわけじゃない、手の甲で胸やお尻にそっと触れるくらいなら構わないはず。満員電車に乗るたびに、私はそんな言い訳を用意して手を動かしていたのです。

それから2年ほど悪さを続けたある日、ネットの痴漢掲示板を見ていたところ、1人の男性がこんな書き込みをしていました。

〈中央線で活動している人いませんか〉

むくむくと興味を覚えました。文面から察するに、中央線で活動（痴漢）してる人間に集団痴漢をしようと誘ってるのではないでしょうか。

半信半疑、書き込みの本人にメールで連絡を取ったところ、ビンゴ。すぐにメールで返信があり、日時を指定してきたのです。

〈ＪＲ御茶ノ水駅のホームに夜7時ちょうど。中央線快速の下り電車、進行方向の一番前にいますので〉

まずは男同士が現地で待ち合わせてターゲットの女を捜し、これはというのがいれば、全員で囲んで、電車に乗ってしまうという流れのようです。現在、参加予定の人間は都合6名。誰も面識はないとのことです。

〈触られてる女性が騒ぎ出したりしないいんですか？〉

〈気の弱そうなのを選びますから。それに騒がれても、周りはみんな仲間ですから、どうにでもなりますよ〉

正直、悩みました。クドイようですが、痴漢は立派な犯罪。万が一でも、捕まったら、人生が終わるのです。

しかし、集団でコトを働くなら、単独のソレよりバレにくいかもしれません。ひとまず私は参加すると伝え、メールを終わらせました。

気弱そうな女子大生風をカゴメカゴメの要領で

翌日の夕方6時、会社を早めに切りあげた私は、約束どおり中央線のホームに向かいました。見るだけなら犯罪にはならないだろうと考えたのです。

半信半疑、現場にいくと、ホームには8、9人の男たちが並んでました。サラリーマン風からハゲオヤジ、学生風まで。何となく雰囲気で痴漢なのだとわかりました。

10分後、気の弱そうなタレ目の女子大生風がホームに登場したところで、彼らはアイコンタクトを取り、彼女の前後に回り込みました。ちょうどカゴメカゴメの要領です。

間もなく、電車が到着。男たちが女性を囲んだまま、電車に乗り込み、私も慌ててその後に続きました。さて、どうなることやら。

思わず、目を見張りました。最初こそサラリーマン風が手の甲でさりげなく胸を触っていただけなのですが、彼女が抵抗しないと見るや、全員で一斉に襲いかかったのです。前からはメガネとオヤジが胸を揉みしだき、後ろからは学生風とハゲ頭が尻をタッチ。信じられないことに、スカートの中に手を入れてるヤツまでいるではありませんか！

（周りの乗客にバレないのか？）

心配する私をヨソに、周囲の見張り役の人間ががっちり新聞などでガード、中の様子が見えないようにしています。

一方の女のコは、抵抗もできないまま、じっと俯いて災厄に耐えるだけ。私は触ることも忘れ、ただただその光景に見入ってました。

『荻窪〜荻窪〜』

20分後、彼女が逃げるように下車したところで、痴漢たちも全員下車。三々五々に散っていきました。後からわかるのですが、安全のためこうして会話もせずに消えるのが流儀なのです。

〈今日はまあまあでしたね〉

帰り道、主催者の男からメールが入りました。

〈いつもこんな感じで触ってるんですか〉

〈ええ、次からはもっと楽しみましょう。では〉

私はあまりの興奮で、体が震えていました。

アソコはおろかアナルにまで指を

これ以来、私はちょくちょくと集団痴漢に参加しました。相変わらず見るだけでしたが、それだけでも十分、興奮できるのです。

実際、彼らの行動はハンパではありませんでした。原宿駅から乗ったロリータファッションの女を20人近くで囲んだときは、アソコはおろか、アナルにまで指を突っ込んでしまったくらいです。

夕方の埼京線では、OL風の女性を15、16人で囲み、持参したローターをパンツに入れた男もいます。それこそ、挿入こそないものの何でもアリ状態。もはや完全な無法地帯です。

そんなある日、事件は起きました。例によって埼京線に10人ほどで乗り込み、20代前半のOL風を触りまくっていたところ、彼女が突然、作業着姿の男の腕を摑んだのです。

「触らないでくれますか！」

瞬間、場が凍りつきました。彼女の声があまりに大きかったので、一般の乗客も何かあったのかと気付いたのです。ヤバイ！

『赤羽〜赤羽〜』

駅に到着するや、全員でおしくらまんじゅうよろしく、彼女の体を押し出します。あっという前に、彼女だけがホームに放り出されていました。

「ちょっと！」

女が車内に入ろうとしますが、こっちも必死です。全員でスクラムを組んで、ガードしていると、

『プシュ～』

ようやくドアが閉まり、電車が走り出しました。見れば、ホームには彼女がポツンと取り残されていました。

★

身の危険を感じた私は、その後、間もなくして集団痴漢から足を洗いました。今は満員電車の中でもなるべく手を動かさないように我慢しています。

「触られすぎて膣が傷だらけなの」指入れ1本もキツイ処女のデリヘル嬢、ヤリマンのフリで純潔を守る

山口ゆうこ／東京 19歳 デリヘル嬢

私がデリヘルに勤めようと思い立ったのは1年前、18歳のときです。コンビニでコキ使われるのに飽き飽きし、てっとり早くお金を稼ぎたかったのです。

見た目は、まあ、良く言って森三中の黒沢といったところでしょうか。大してカワイイわけでもないかわりに、ブスでもない。ナンパとかはされない、地味めのタイプです。

ただ私には他人と違う点がありました。これまで付き合った男性は、中学時代に自分から告白したクラスメイトの男の子だけで、エッチの経験はBどまり。要するに処女です。

「裏モノJAPAN」2011年7月号掲載

幸い、デリヘルは本番NGなのでお客さんに破られる心配はありませんが、フェラだってマトモにしたことがない私にフーゾクが務まるのか。不安だらけの業界入りでした。

指入れなんて自分でもしたことない

入店から間もなく、最初の客から指名がありました。場所は事務所近くのラブホテル。ごくノーマルな60分コースです。

事前に講習などもなかったので、緊張は高まるばかり。うまくできるといいんだけど。

ラブホのドアの向こうから現れたのは…ちょっとキモイ中年男性でした。やっぱ、こういう人が相手なんだ。

「あの、入ってもいいですか？」

「う、うん、どうぞ」

導かれるまま、部屋に入り、店に携帯で連絡。料金の1万5千円を受け取って、2人してお風呂に入ってから、いざプレイとなりました。

まずはキスをし、胸をなめあげます。と、反応は上々。気持ちよさそうに目を閉じてます。このくらいならラクショーかも。

と思っていたら、心配していたことが起きました。男性が私のアソコに指を入れてきたのです。それも1本だけじゃなく2本目までグイグイと。

処女のせいか、私はあまり濡れません。指入れなんて他人はおろか自分でもしたことがありません。こんなので処女膜を破られたら一生後悔する！

思わず、私は男性の手をつかみました。

「ごめん、私、したことないから、指は1本だけにして」

「は？　処女ってこと？」

「そう。だから、すいません」

驚いたような表情を見せる男性。デリヘル嬢が処女だなんて、とても信じられないのでしょう。

「…本当に？」

「本当。だからごめんね」

「……」

男性は半信半疑といった様子ですが、どうにか納得してくれ、最終的にフェラでフィニッシュしてくれました。

バージンを守るには逆のキャラで

このやり方が通用したのも、最初の数人まででした。処女だというと、逆に本番したがる男性が多いのです。

女の私にはいまいちぴんと来ないですが、男性は処女に対して、想像以上に希少価値を見出すようです。中には、こんなことを言い出す人も少なくありませんでした。

「5万出すから、ヤラせてよ。お願い」

そんなにもらえるならヤラせちゃおうかしら。…いやいや、やっぱお金で処女を売るのはダメでしょ。だって、一生の思い出だもん。

ある段階から、私は処女だと告げるのをやめることにしました。バージンを守るにはむしろ逆のキャラでいたほうが利口だと気づいたのです。

アソコに指を入れられそうになったら、「いろんな男性に触られすぎて膣の中が傷だらけなの。1本だけにして」と断り、本番したがる客には「いつもは追加で10万円もらってるんで…」と高慢な女になりきる。

この芝居がまんまとハマり、なんとか私は純潔を守りつづけました。

さっさとプライベートで破ってもらえばこんな作戦はいらないのに、こんな仕事をしてるせいであいかわらず出会いはなく、私は処女のくせにフェラだけは上手くなっていったのでした。

ゴム本番より生フェラのほうがいいし

そんなある日、事件が起きました。何の気なしにホテルに行ったところ、超のつくイケメンが待っていたのです。

年齢は20代後半。水嶋ヒロをがっちりさせたような感じです。こんな人が風俗に遊びに来るなんて！

私は思いました。この人にならば捧げてもいい。ずっと処女の後ろめたさを持ちつづけるより、イケメンに破ってもらったほうがどれほどマシか。いい思い出にもなるし。

「お客さん、エッチします？」

「え？」

「ちゃんとゴムつけてね」

やっぱ痛いのかな、血とか出るのかな。あんまり痛がったら引いちゃうかな…。

すっかりその気になっていたところに、彼が困ったような顔を浮かべました。

「いやー、オレ、ゴム本番より生フェラのほうが気持ちいいから」

★

というわけで、いまだに私はバージンのままデリヘル嬢をやってます。さっさと出会い系かなにかで相手見つけようかな。

ちゅ〜
キャーッ
処女のデリヘル嬢……

本当にエロい実話MAX
「裏モノJAPAN」読者投稿傑作選

「予定があるから移動していい？」待ち合わせデリヘルの盲点をつき、タダで痴漢プレイを楽しむ

新井学／東京 26歳 フリーター

ご存じの方も多いだろうが、デリヘルには、ホテルや自宅に直接女の子を呼ぶのではなく、あえて駅前や路上で待ち合わせるタイプの店がある。

普通のデートのように出会い、恋人気分でラブホへ。シチュエーションを大切にする人には打ってつけなのかもしれない。

しかしそこには、ある盲点が潜んでいる。オレのような悪人が付け入る隙が。


「裏モノJAPAN」2010年2月号掲載

まだ金も払ってないのに痴漢プレイを

２００９年９月の夕方、待ち合わせデリ嬢を渋谷の駅前に呼んだ。ハチ公前から腕を組んで歩き、道玄坂のホテルにチェックインする段取りだ。

ところがハチ公前で待っているその間に、仕事の電話が入ってしまった。１時間後に池袋まで来いという。そ、そんな〜。

キャンセルするかしまいか迷ううちに、デリ嬢が到着した。可愛い。どうしよう。渋谷で遊んだら仕事に間に合わない。ならば２人で池袋に移動してからさっさと抜いてもらうならどうだ。時間的には同じことだが、ギリギリまで粘れるぶん心に余裕が持てそうだ。

「悪ぃんだけど、池袋に移動できないかな？」

「え!?」

「この後、池袋で用事があるんだよ」

渋谷→池袋は、山手線で10分ちょい。電車代は持つから移動しよ！　お願い、マジでお願い！

すると彼女、報告の電話を店に入れ、「いいですよー」と笑顔を見せた。店側も客を逃したくないんだな。

駅の人ごみをかきわけるようにホームへ。混雑路線だけに老若男女でごった返してる。車内は人で張り裂けそうなほど超満員だ。ぐいぐい行くしかない。オレたちは体を押し合うような勢いで電車に乗り込んだ。

うわっ、押しくら饅頭状態だ。って、あれ⁉ この感触は？ 彼女のおっぱいがオレの体に当たっている。

ちょい待てよ。これからホテルでヤラしいことをすることは彼女もわかっているわけで…。

まわりの客から守るように、彼女の背中に手を回してみる。やっぱりだ。嫌がる素振りはない。

そのまま手を下に進め太ももを撫でると、彼女は体をよじる。

「やだぁ」

お尻をさわさわ。

「ちょっとぉ～」

オッパイをつんつん。

「ダメですよぉ～」

チンコを彼女の腰にぐりぐり。

「もぉ困りますぅ～」

まさに痴漢プレイだ。まだ金も払ってないのに。ラッキー!!

混雑を利用して離ればなれに

もちろんその日は、池袋で慌ただしくサービスを受けたのだが、同時にノーベル賞モンの作戦をひらめいた。

数日後、もう一度待ち合わせデリヘルを渋谷駅に呼び、同じ流れで場所の移動をお願いする。目的地は赤羽だ。都内屈指の混雑電車、埼京線に乗り込むために。

「店長がＯＫだって。行きましょうか」

やはりどの業者も多少の移動は認めるようだ。不景気で客も少ないんだろう。

夕方の埼京線は、山の手線どころではないギューギュー詰めだった。息もできないほどだ。

まずは電車の揺れに合わせて、さりげなくおしりにタッチする。彼女がニコっと笑う。

よしよし、この子もちゃんと自分の立場をわかってるようだ。

おしりの割れ目をツーと撫でる。

「もう～」

「どうしたの？」

「ヤダぁ～」

ヤダとか言っても、ダメダメ。キミはもう買われた女なんだから。まだ金は払ってないけど。

もう触りまくっちゃう。太ももやお尻をなでなでし、ミニスカのスソからパンツまで手を伸ばし、アソコをグリグリ。うひゃひゃ。

まもなく電車が目的の赤羽に到着した。さあここからが勝負だ。乗客が外にはきだされるや、オレは彼女の体をドアに押し出し、それでいて自分はまるで身動き取れないようなフリをして、わざと車内へ取り残された。

プシュー━とドアが閉まり、彼女はホームでおろおろしている。作戦成功！　タダで触りまくってやった！

もちろん女や業者からは何度も何度も電話がかかってきたが、すべて無視だ。怒ってるだろうけど、さすがに身元調査まではやりっこないはず。

味を占めたオレは、以降、店を変えながらタダ痴漢を10回以上も楽しんだ。どのデリも、料金を払うのはホテルに入ってからなのに、どの嬢も移動の段階から「買われた」負い目から痴漢に応じてくれるのだ。我ながらスゴイ裏技を考えたものだ。

「裏モノJAPAN」読者投稿傑作選 本当にエロい実話MAX

女教師に憧れている高校生諸君、その肉体をモノにしたけりゃ教育実習で母校に戻るべし

山本健太／東京 23歳 無職

４年前、地元の公立高校３年生のとき、僕は１人の女性にほのかな恋心を抱いていた。担任の女教師、吉川さゆり（仮名）先生である。女優の松下由樹を彷彿とさせる33歳の独身美人。もちろん男子生徒からは絶大な人気を誇っていた。

受け持ちは選択科目の家庭科のため直接授業を受ける機会はなかったが、ホームルー

「裏モノJAPAN」2011年1月号掲載

ム中はいつも僕の股間はモンモンとしていた。

受験シーズンを控えたある日、進路相談で彼女に呼び出された。教室に2人きり。急に胸が高鳴ってくる。

「あなたの学力なら進学すべきだと思うんだけど。大学は決めてる？」

親身になってくれる彼女だが、話なんてろくに聞く気になれない。僕の目は先生の胸のふくらみに釘付けだ。

「ねぇ、聞いてるの？」

「僕、あの、先生のことが好きなんです」

「バカなこと言わないの」

「本気なんです」

一世一代の告白はこうして軽くうっちゃられた。

「もうわかったから、真面目に聞いてよ」

その後、僕は大学に進学し、それなりの女性経験も積んで、いつしか彼女のことも忘れていった。

しかし高校卒業から3年ちょい、酸っぱい思い出がまたよみがえってきた。7月の2週間、母校へ教育実習に出向くことになったのだ。彼女はまだ学校にいるんだろうか…。

高校時代のリベンジとでも言おうか

登校日初日、教員室に彼女の姿はまだあった。37歳、ちょっと老けた印象はあるものの、魅力は当時のままだ。向こうは覚えてくれているだろうか。

「お久しぶりです、山本健太です」

「あら、教育実習？　頑張ってね」

あの日の告白なんてなかったかのように、先生は涼しい顔で挨拶をした。こちらにとっては一世一代でも、向こうにすりゃ男子生徒からの告白なんて日常茶飯なのだろう。

「先生、メアド交換しませんか」

「いいわよ、べつに」

教師と生徒という関係じゃなくなっただけでこんなに気楽に接してくれるとは。こんなことなら卒業後すぐ会いに行けばよかった。

以降、僕は毎日のように些細なメールを送った。先生もちゃんと返事をくれるあたり、ウザがられてはいないようだ。

〈先生って、まだご結婚されてないですよね？　カレシとかいないんですか？〉

〈いないよ。忙しくて付き合う暇もないんだから〉

〈実は僕もいないんですよ。彼女にフラれたばっかりで〉

〈でも、キミだったら彼女なんかすぐできるでしょう〉

〈同い年の女のコって、なんか子供っぽくて。先生みたいな大人の女性だったら、付き合いたいんですけど〉

〈バカなこと言ってないで、ちゃんと実習しなさいよ〉

徐々に、本気でオトしたくなってきた。付き合ううんぬんではなく、高校時代のリベンジとでも言おうか。

ただ、メールでは近い関係になれた気はするけど、学校ではあいかわらず慣れ親しんでくれる様子もなく、何の進展もないまま時間ばかりが過ぎていった。


「気持ちイイ？　もっと気持ちよくなろっ」


実習の最終日、実習生の送別会が居酒屋で開かれた。もはや後はない。この日にすべてをかけるのだ。

彼女の席は僕から遠く離れた場所だった。近くへ行こうとするも、隣の先生が熱く語ってくるので身動きもままならない。結局、彼女とは一言も話せぬまま送別会はお開きとなり、僕はひとりで場を後にした。

するとそのとき。

〈帰る方向一緒だよね？　歩いて帰ろうよ〉

先生からのメールだった。近くで待ち合わせ、２人で夜道を歩くことに。

「二次会ないんですか？」

「私、飲み会とかって苦手なのよ」

どう考えてもチャンスだ。アルコールも入り、２人きり。しかも明日から学校で顔を合わす後ろめたさもない。

しかし強気には出られなかった。手すらつなげない。どうしても元担任と元生徒という立場がジャマしてしまう。

「ねえ、山本くん」

「はい」

いきなり彼女がガバっと抱きつき、唇を重ねてきた。熱い舌と舌が絡まり合う濃厚なキスだ。

何故？　なんて戸惑う余裕すらなかった。もう、これはこういうことなんだ。突き進むしかない。

ラブホのベッドに横になるや、先生はいきなりジッパーを下ろしてしゃぶってきた。

ド淫乱じゃん！

「どう？　気持ちイイ？　もっと気持ちよくなろっ」

年はとっても、紛れもなくあの先生だ。あのさゆり先生がこんなことをするなんて。

さんざんしゃぶりつくしてから、彼女は剛毛のアソコに僕のチンコをあてがった。

「はぁはぁ……気持ちいい……あん、ああん」

★

先生は覚えていた。４年前の告白のことを。

「でもあのときはあのときだしね」

なんだかよくわからないが、やはり当時は〝立場〟を考慮してたって意味なのだろう。

最後に余談を。

本命の恋人もいることだし、こちらとしてはその日限りの関係で終わらせようと思っていたのだが、先生はそうじゃなかったようだ。以来、鬼のようにメールが届くのだ。

〈次はいつ会えるの？〉

〈私のこと好きじゃなかったの？〉

〈遊びだったの？〉

もはやストーカーである。来春、晴れて教師になったとしても、母校にだけは戻れない。

「裏モノJAPAN」読者投稿傑作選　本当にエロい実話MAX

藤山すぐる／東京　35歳　会社員

絶対マネしちゃいけない悪行動。女性が〝大〟をするのを待ち、飛行機のトイレを解錠したら…

居酒屋などでトイレのドアを開けたとき、下半身丸出しの女が用を足していたという経験はないだろうか。

あれはマジで興奮する。女が浮かべる驚愕とショックの表情。白いケツや黒い茂み。どれも文句ナシ、最高のオカズだ。

なので俺は、昔から夏の時期、海の家に置かれてる仮設トイレでせっせとコトに励んできた。

「裏モノJAPAN」2011年2月号掲載

あの手のトイレには必ずドアノブにロック解除用のミゾがあり、十円玉やマイナスドライバーでクルッと回せば、外から簡単にドアを開けられる。周囲の目さえ気をつければ、何の苦労もなく目的を果たせるのだ。

ただ、このイタズラ、夏しか楽しめないのが最大の難点だ。そんな殺生な話ありますかいな！

「OCCUPIED」から「VACANT」に

悲嘆にくれる俺に神様が同情したのだろう。3年前、思いも寄らぬ情報を入手した。とあるサイトに、旅客機のトイレロック解除法が掲載されていたのである。ドア外部の「LAVATORY（トイレ）」と書かれたプレートの裏に隠しレバーがあり、そいつを横へグイッとスライドさせると、外側から解錠できるというのだ。

本来は何らかの理由でトイレに閉じこめられた乗客を救出するためのもので、あらゆる旅客機が採用しているヒミツの仕掛けらしい。しかし知ってしまった以上、放っておく手はない。

東京住まいの俺は、毎年、正月とお盆を九州の実家で過ごす。帰省のときにありが〜

たく利用させてもらうとしよう。

12月末、意気揚々と羽田へ。あらかじめ座席を最後尾に予約しておいたのは、むろんトイレに近く、キャビンアテンダントの目がもっとも届きにくいと考えたからだ。

離陸からおよそ15分後、はやくもチャンスが。20歳過ぎのベッピンちゃんが俺の横を通り過ぎ、トイレの中へ消えていく。カシャッとロック音が聞こえると同時に、俺は席を立ち、何食わぬ顔であとを追った。

周囲に人影はない。ドアプレートをつまみ上げると、サイトにあったとおり、奥にレバーが見えた。細心の注意を払いながらゆっくりと横へスライドさせる。表示は「OCCUPIED（使用中）」から「VACANT（空き）」に。おお、やった。

ほんの数秒、息を押し殺して耳を澄ませてみたが、気づかれた気配はない。よっしゃ、いざ突撃じゃ。

が、勢いよく開けたドアの先に、俺が期待した景色はどこにもなかった。今まさにパンツを穿き終えたのであろう女が、便座から腰を上げてポカーンとこちらを見ている。

くそ、間一髪、間に合わなかったか！

自分で鍵をかけ忘れたと思ったのだろう。女は恥ずかしそうに言った。

「あ、やだっ。ゴ、ゴメンなさい」

「いや、こちらこそ失礼しました」

無念なことに、その後、コレと言ったチャンスが巡ってくることはなく、飛行機は着陸態勢に入った。

〝大〟ならば確実に拝めるのでは

失敗の原因は考えるまでもない。周囲の目を気にするあまり、解錠に時間がかかったせいだ。だったら話は簡単。作業スピードをアップするまでだろう。

いやいや、そいつはマズイ。隠しレバーを雑にスライドさせれば、必ず物音がして相手に勘づかれるのがオチ。注意散漫になって第三者に現場を目撃される危険もある。海の家ならいざ知らず、逃げ場のない機内での凡ミスは命取りになりかねない。

では、どうすれば？　ターゲットがトイレに入るのを確認してから、ひとまず2分ほど待ってみるってのはどうだろう。それでも出てこなければ、相手は〝大〟をしてる可能性が高い。これならゆっくり解錠作業をしても、必ずやお宝シーンを拝めるに違いない。

老いた両親と静かな三が日を過ごした後、俺は闘志を燃やして、羽田行きの便に乗り込んだ。

ロングヘアーの上品な美女がすぐ側のトイレに颯爽と消えていったのは、離陸から30分が過ぎようとしていたころだ。

計画通り2分計ってみたが、女はトイレから現れない。よし、大だ。

改めて周囲を見回して、人影がないことを確認。まんまと外からロックを解錠した俺は、エイヤとドアを開け放った。

ガチャ。

まず、女のヒィィと歪む顔が飛び込んできた。続いて視線をすばやく下に移すと、ガニ股に開いた太ももの奥に漆黒の密林がもさもさしてる。上品な顔に似合わず、けっこう毛深い。

突然の事態に頭が混乱しているのだろう。女は口をパクパクさせた。

「あ、あ、え?」

「あ、これは失敬」

女に一礼し、何事もなかったかのように座席へ戻った俺は、ゆっくりと目を閉じた。まぶたの裏に、さきほど見た光景をありありと浮かべて。よっしゃー!

★

以来、盆と正月のたび、行きと帰りの便で同様の悪行を繰り返すようになった俺だが

（成功例はさほど多くなかった）、今年のお盆を最後にきっぱりと足を洗う決意をした。

用便ポーズを見られた女が俺の方を指さし、キャビンアテンダントにヒソヒソと耳打ちしていたのだ。疑われたのは間違いない。

幸い、呼び止められることはなかったが、その一件ですっかり怖じ気ついてしまった。危ない橋は、やはり渡らないに限るってことだ。

皆さんも決して真似はしないように。

「裏モノJAPAN」読者投稿傑作選 本当にエロい実話MAX

ヤクルトレディの更衣室を盗み聞き、アンパンマンでガキを手なずけ三十路の熟れた肉体をモノにした

遠山孝治（仮名）／兵庫 36歳 フリーター

知り合いの内装屋でバイトをしていた2012年7月、ヤクルトの〝宅配センター〟の工事を手がけることになった。お馴染み、町を笑顔で回る人気者、ヤクルトレディの営業所だ。

現場は、市内の8つの宅配センターで、各所を3日間ずつ作業していくスケジュールである。

初日の朝8時半。知り合いと一緒に、最初の宅配センターに向かう。

「裏モノJAPAN」2012年11月号掲載

現場に到着し、トラックから荷物を下ろしていると、自転車や原付で出勤してくる女性たちの姿が見えた。ヤクルトレディだ。

普段は、例の制服姿しか目にする機会がないため、こうして私服姿を見るのは新鮮だ。今どきファッションの若いコとかもいるし。

さすが女性の職場、託児所がついているのだろう、小さな子供を連れて来ている母親なんかもけっこういた。

彼女たちは、まもなく制服に着替えて出てきた。ほほー、ミニスカねーさんも、子供連れのママさんも、いきなりヤクルトレディの顔になるもんだな。みなさん、いってらっしゃい。

あなた、オトコに飢えてるんですか

昼1時。一人でボイラー室の作業に取りかかろうとしていたときだった。ヤクルトレディたちが続々と事務所に戻ってきた。もう仕事上がりらしい。うらやましいこって。

こっちはもうひと仕事だと、ボイラー室に入ったところ、どこからか人の声が聞こえてくる。…女?　壁の向こうからだ。

「はぁ〜疲れたわあ」

「ほんまやわ」

壁が薄いのか、丸聞こえである。会話に混じってロッカーを開け閉めするような音も。

どうやら隣がレディたちの更衣室らしい。

「ヨシムラさん、ダンナはどうしてんの？」

「知らんわ。あんなんはもうどうでもええねん」

話は妙な方向に進む。

「最近はカレシとかはおらへんの？」

「おらんな。けどこの前、チャットで男の人と会うてん」

出会い系やってんか？

「そんなんやってんの」

「たまにやで、エッチしたくなったときにな」

体がカァーと熱くなってきた。ヨシムラさん、あなた、オトコに飢えてるんですか。

「ママの携帯に送ってあげるわ」

翌日の朝、誰なのかわかった。配達に向かう制服姿のヤクルトレディたちの中に、名札が「吉村」の女がいたのだ。

年齢は三十ちょっとくらい。制服姿の似合うキリっとした顔立ちのべっぴんさんだ。まさかこんな美人がオトコに飢えてるとはな。どうにかしてやりたいもんだ。何かうまい方法があればいいんだけど。

昼過ぎ、またボイラー室に行ってみたら、帰り支度をする吉村さんが、3歳くらいの子供を連れていた。私服になると3割減、普通の三十路ネーさんだ。ふーむ。

3日目。この営業所での作業も最後となる日の昼。吉村さん親子が帰ろうとしてるところに近寄っていき、ポケットに忍ばせた携帯を操作した。

チャラララーン！　流れてきたのはアンパンマンのテーマだ。

「おっ、メールか」

とかなんとか小芝居すると、子供がこちらをチラチラ見てくる。

「ぼく、アンパンマン好きなのか」

「…うん」

「おっちゃんの息子も好きなんや。ほらこれ」

事前にダウンロードしておいたアンパンマンの画像を子供に見せる。

「どうやいいやろ、あげようか？　ママの携帯に送ってあげるわ」

我ながら名案だと思ったのだがどうだろう。強引すぎやろうか。いや、更衣室であんなこと言ってたんやし…。

「ゆうた、よかったわね」

よし食いついた！

★

その後、吉村さんとは2週間ほどやりとりし、会うことになった。相手は出会い系でオトコ漁りしている人妻である。エッチまでの流れはすんなりだった。

残りの宅配センター7ヵ所でも、同じように盗み聞きで飢えたヤクルトレディを探そうとしたが、そうは問屋が卸さず、成功例はこのひとつだけだ。

「裏モノJAPAN」読者投稿傑作選 本当にエロい実話MAX

『家出したので泊めてほしいけど、そちらまで行く交通費がなくて…』去年はひと夏で8万円を稼ぎました

橋本みほ／21歳 無職

今年も家出少女が増える季節がやってきました。

男性読者のみなさんは、待ってましたという感じでしょうか。泊めてあげようかと持ちかけて、うまくヤってやろう…なんて考えているんじゃないでしょうか。でもくれぐれも注意してください。世の中には、そんな鼻の下を伸ばした男たちを狙っている、私のような人間もいますから。

「裏モノJAPAN」2012年9月号掲載

駆け込まれはしないだろう

去年の夏。とある掲示板サイトにたどり着きました。「誰か泊めてくれる方いませんか」や「困ってるコ、相談に乗りますよ」などなど。家出少女とそれに助け船を出したい男が集まる、いわゆる家出サイトです。

そこに興味深い男の書き込みが。

『泊まるとこを探してる女の子、うちに来ませんか。渋谷に住んでるんで楽しいですよ。こちらまでの交通費も出しますよ』

交通費を出すなんて、驚きでした。セックスできれば元は取れるだろうと考えたのでしょうか。

お恥ずかしながら私はときどきエンコーをやっているせいか、このエロ男が何となく気になりました。ちょっとからかってやろうかしら。

〈栃木からです。貧乏ＪＫなんで、そっちに行く電車代とかもなくて、できたら交通費を先に振り込んでもらったりできませんか？〉

返事が来ました。

〈大丈夫ですよ〉

　ホントに？　ホントに先払いするの？

〈交通費は3千円くらいで何とかなると思います。お願いできますか？〉

　銀行口座を伝えると、すぐに振り込まれました。どんだけガッツ

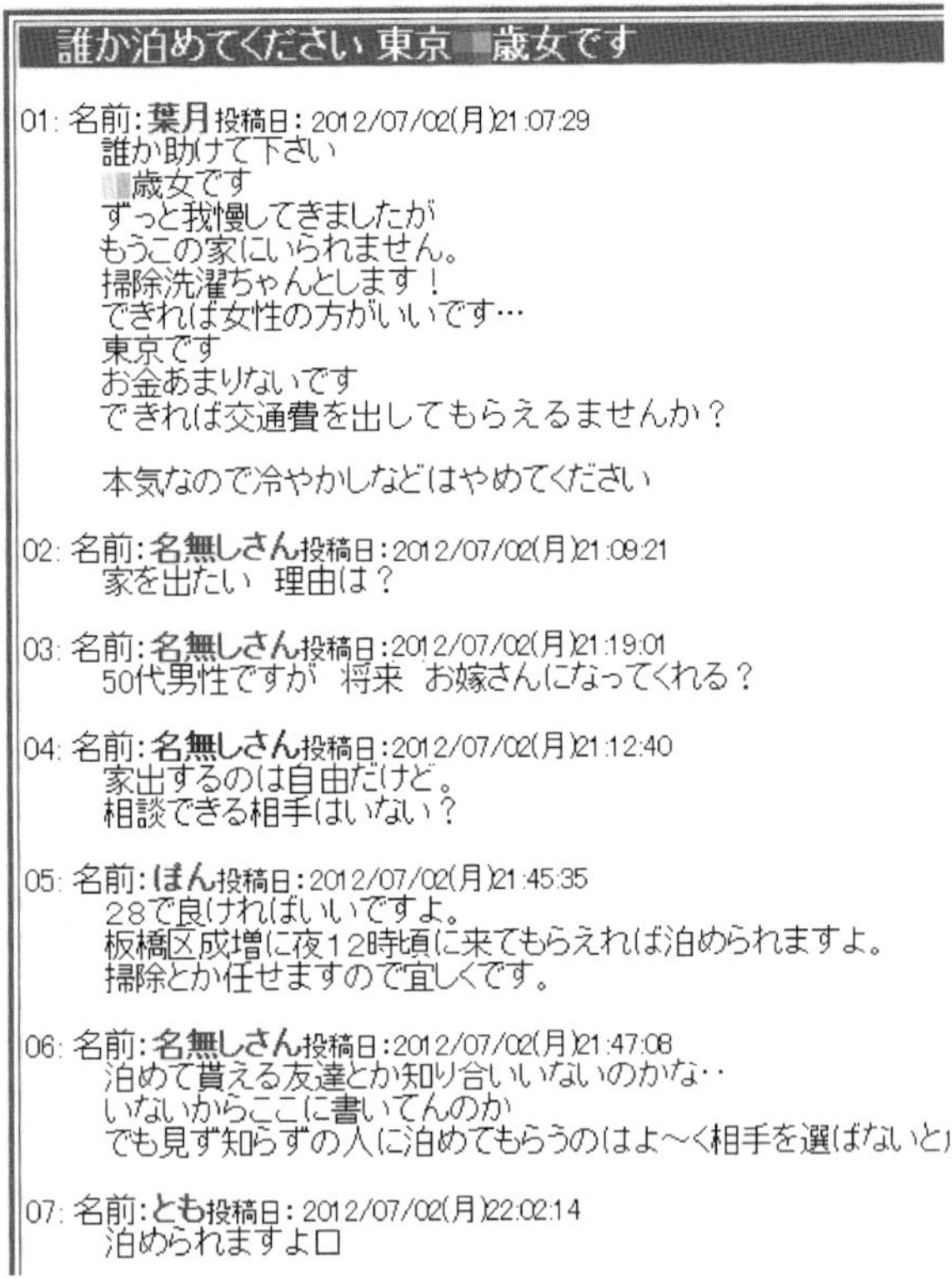

誰か泊めてください 東京■歳女です

01: 名前:**葉月** 投稿日: 2012/07/02(月)21:07:29
誰か助けて下さい
■歳女です
ずっと我慢してきましたが
もうこの家にいられません。
掃除洗濯ちゃんとします！
できれば女性の方がいいです…
東京です
お金あまりないです
できれば交通費を出してもらえるませんか？

本気なので冷やかしなどはやめてください

02: 名前:**名無しさん** 投稿日:2012/07/02(月)21:09:21
家を出たい　理由は？

03: 名前:**名無しさん** 投稿日:2012/07/02(月)21:19:01
50代男性ですが　将来　お嫁さんになってくれる？

04: 名前:**名無しさん** 投稿日:2012/07/02(月)21:12:40
家出するのは自由だけど。
相談できる相手はいない？

05: 名前:**ぽん** 投稿日:2012/07/02(月)21:45:35
28で良ければいいですよ。
板橋区成増に夜12時頃に来てもらえれば泊められますよ。
掃除とか任せますので宜しくです。

06: 名前:**名無しさん** 投稿日:2012/07/02(月)21:47:08
泊めて貰える友達とか知り合いいないのかな・・
いないからここに書いてんのか
でも見ず知らずの人に泊めてもらうのはよ〜く相手を選ばないと

07: 名前:**とも** 投稿日: 2012/07/02(月)22:02:14
泊められますよ口

いてるんでしょうか。

もちろん男の家になど行くはずありません。男からは鬼のようにメールが来ましたが、すべてシカトです。ぶんどった額はたかだか3千円くらいだし、JKの家出少女を家に連れ込もうとして失敗したなんて人に言える話じゃないし。警察に駆け込まれはしないでしょう。

案の定、泣き寝入りをしてくれたのか、警察から連絡が来ることはありませんでした。3千円は丸儲け。まったくもってしてやったりです。

友達と一緒なんて1万円くらいかかるかも

この家出サギ、我ながらいい小遣い稼ぎになるような気がしてきました。未成年に手を出そうとする男を狙うわけだし、罪悪感もさほどありません。

そこで家出サイトにこんな書き込みをして待ちます。

『栃木のJKです。夏休みなんで家出したいけど、お金がぜんぜんないです。交通費出してくれて泊めてくれる方いませんか？』

男からのメールはわんさか来ました。片っ端からメールを返していきます。

〈そっちに行く電車代すらない感じです。3千円とかでいいんで、交通費を先に振り込んでもらうこととかできませんか？　家事とかは得意だし、他にもいろいろ頑張りますんでよろしくお願いします〉

最後の一文はエッチな深読みを誘うのが狙いです。

果たして、1回目の待ち作戦で引っかかったのは3人です。ネットをピコピコやるだけで9千円のもうけですから万々歳です。

中には〈そっちまで車で迎えにいくよ〉なんて冷静な返信もありましたが、当然スルーです。

以降、味をしめた私は、あちこちの家出サイトを漁り始めました。ただし、目立つとまずいため、1サイトでは1回のみ。

ときにはこんなメールを送ったりもしました。

〈友達と一緒なんで、交通費は1万くらいかかるんですけど、ダメですか？〉

3Pできるかもと期待したのか、振り込んでくれた男もチラホラいました。いいカモです。

結局、夏休みシーズンをかけて8万くらい儲けさせてもらったでしょうか。

みなさん、私みたいな女に引っかからないよう気をつけてくださいね。

「裏モノJAPAN」読者投稿傑作選 本当にエロい実話MAX

熊本在住の50歳のオヤジが年に10回も3Pに誘われているなんて。その手法は実に簡単でした

山田昌広(仮名)／熊本 50歳 自営業

50歳ともなると、「裏モノ」で紹介されているセフレ探しの方法も、なかなかうまくはいかないものだ。

そんな私が現在、唯一なんとか成果をあげているのがエロSNSの『ナンネット』を使ったある手法である。

「裏モノJAPAN」2013年10月号掲載

単独男も50を過ぎるとキツイ

ナンネットの利用者は「単独」と「カップル」に分けられる。「単独」とは私のような独り者のことで、同じような単独女性にメールを送って交流したり、「カップル」のセックスに参加させてもらったりして遊ぶ仕組みになっている。

しかし単独男も50を過ぎるとやはりキツイ。単独女性は相手にしてくれないし、カップルにだって敬遠される。やはり好まれるのは若くてピチピチした男なのだ。

会うどころかメールすら返ってこないことに業を煮やした私は、ある日、自分もカップルだという設定でプロフィールを作ってみた。

『週に1、2度ほどパートナーと楽しんでいます。野外も楽しんでいます。最近は少しだけスワッピングにも興味ありますが、あと一歩の勇気が出ずためらっているところです。誰か手ほどきお願いします。なお、単独男性は募集していません』

それっぽく見せるために、ネットから拾ったハメ撮り画像を載せて日記も書いてみた。

『最近、暖かくなってきたので公園露出を楽しんでます』

『昨日は3発、朝まで休憩なしでヤりまくりました』

さんのプロフィール

ナンネットID:	
ニックネーム:	
性別:	カップル
年齢:	非公開
誕生日:	1月1日
血液型	非公開
地域	
自己PR:	エッチ大好きな初心者カップルです。 SWとか出来ませんが、他のカップルさんのエッチとか見たいです(o^∀^o) ♂41♀42の熟カップルです(^O^)

どんなカップルも50の単独男は相手にしてくれない

『今日は彼女をパイパンにしました』

このプロフィールで、自分の住む九州のカップルのページを中心に「足あと」をつけていったところ、すぐに反応があった。

〈楽しんでらっしゃいますね！〉

〈うちのパートナーとの写真交換しませんか？〉

単独ではいくらアプローチしてもダメだったのに、メッセージが次々と来るではないか。

ある夫婦との交流が始まった。こちらはネットから拝借したハメ撮り画像を送り、相手からは日々の赤裸々な性生活の写真が届くという、不毛といえば不毛なやりとりだ。

とりあえずお一人でお越しいただいても…

そしてやはりというか、相手夫婦から、パートナー交換（スワッピング）の提案メールが届いた。写真だけでなく、実際に会って楽しみましょうというわけだ。

単独男である私としてはお断りするしかないが、のっけから拒絶するのもこれまでの流れからして不自然すぎる。約束するだけしておいて、直前になってドタキャンを入れることにしよう。

約束当日。

〈突然で申し訳ないのですが、彼女が来られなくなってしまいました。たいへん申し訳ありません〉

すると返事は予想外のものだった。

〈でしたら、とりあえずお一人でお越しいただいてもいいですよ〉

夫婦のセックスを横で見てくれと言うのだ。なんともこれはありがたい。

他人のセックスを間近で観察するのは初めてのことだった。生で見る光景はＡＶよりも圧倒的に興奮する。たとえ、それが40歳のオバサンであってもだ。

「あの…奥さん、素敵すぎて勃起してしまいました」

「それはそれは。こんなやらしい姿を見てもらって妻も喜んでますよ」

「もう少し近くで見ていいですか」

「もちろんです、じっくり見てやってください」

距離を縮め、奥さんの湿ったマンコを凝視する。あえぎ声が大きくなった。見られて興奮しているのだろう。

旦那さんが言う。

「どうぞ、胸でも揉んじゃってください。私が下の方を責めますから」

そこからは怒濤の3P突入で、最終的には私も2回、奥さんとハメさせてもらうことができたのだった。

★

私の使っている「ある手法」とはこれだけのことだ。カップルを装って、他のカップルに接近し、会う直前に彼女（架空の）にドタキャンさせる。これによって齢（よわい）50歳の男がスムーズに3Pに参加できるのである。

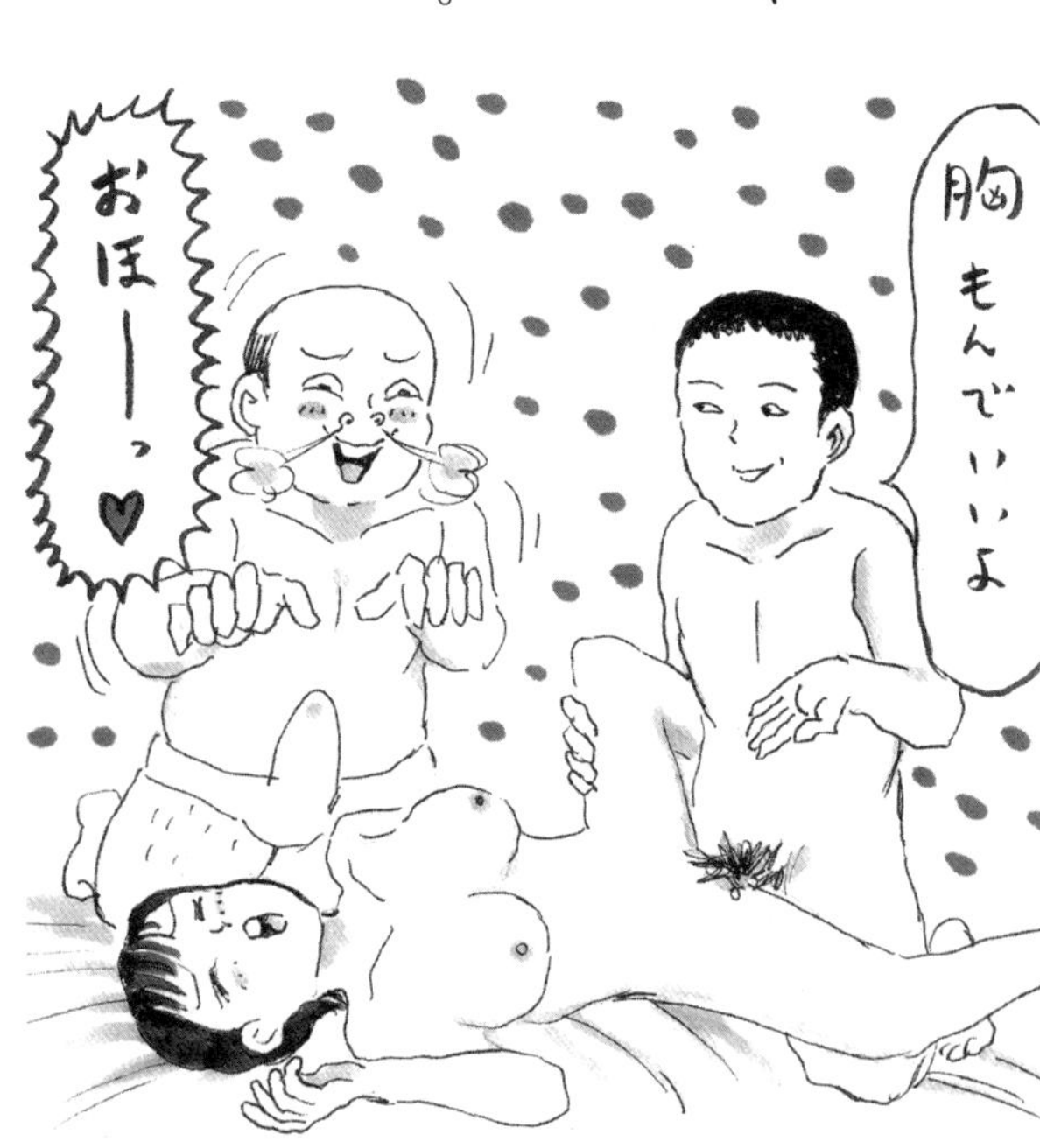

実にこの1年だけで10組ほどのカップルと3Pを重ねてきた。九州の片田舎でもこうなのだから、全国どこでも使える手だと思う。

「裏モノJAPAN」読者投稿傑作選
遠藤丈道(仮名)/東京 43歳 アルバイト

「この中に何を入れるんですかね?」おぼこい女子店員を狙った商品説明セクハラのお楽しみ

唐突だが、いいセクハラを思いついたので試してみることにした。

まずはドラッグストアから。

ここ最近、男性用オナホールのテンガがドラッグストアで売られているのをご存じだろうか。いくらお洒落なパッケージだとはいえ、チンコを突っ込んでオナニーする道具

「裏モノJAPAN」2013年8月号掲載

が、こんな場所に売られてるなんて、すごい時代になったもんだ。

女性の多い店を探していくつかのドラッグストアをまわったところ、女性店員が5～6人、男性スタッフ2人というナイスなお店を発見した。しかもこのお店、レジ脇の精力剤コーナーの横にわざわざテンガスペースまで作ってある。

さりげなく店内を一回りしたのち、20代の黒髪の女性店員さんに声を掛けた。

「すみません、ここの商品なんですが」

「あ、はい」

「どうやって使うんですかね」

「あ、えーと、ハハハ、そうですね…私も詳しいことはわからないんですが、この中に入れて使うものだと思います」

「この中に入れるんですか？」

「はい、たぶん、真ん中に穴が空いてるんだと思うんですが…」

「何を入れるんですかね」

「男性器です」

「ああ、なるほどー」

男性器。聞いたぞ、この可愛い口が男性器と言ったのを！

「チンチンに付いても大丈夫なの？」

お次もドラッグストアの店員さんを狙ったセクハラプレイ。商品はブラジリアンワックスだ。

ブラジリアンワックスとは、女性用の除毛クリームのこと。女どもはお尻まわりにも塗ってケツ毛まで抜き取っているらしい。女性向けの商品だが、男が詳しい使い方を聞いても構わない。

選んだターゲットは20代前半の学生バイト風だ。やはり若い子の方が興奮するよね。

「すみません、これは具体的にはどうやって使うんですかね？」

「えーと、処理したい毛にワックスを塗っていただいて、中に布が入ってますのでそれを…」

「これは股間に使ってもいいんですか？」

「はい、大丈夫ですよ」

「ワックスがチンチンに付いても大丈夫なの？」

「えーと、多少なら大丈夫だと思いますけど」

「でもチンチンって皮膚が薄いでしょ？」

「え……」

「引っ張ったら伸びそうですよね」

「あのー、詳しいことはわからないので、詳しい人間を…」

「あー、もう大丈夫です」

うーむ。いまいちだが、困惑した表情を見れたので良しとしよう。

続いてのターゲットは薬局のメガネ女性店員さんだ。

「すみません、毛ジラミ用の薬って置いてますか？」

「はい、ありますよ、スミスリンシャンプー。こちらですね」

「これ、どうやって使うんですかね？」

「毛の部分に塗っていただいて、中に櫛のようなものが入ってますので、それでといて毛ジラミを取り除くんですよ」

「陰毛に塗るんですか？」

「そうですね」

「肛門のまわりにも毛が生えてるんですが」

「全部塗った方がいいと思います。細かいやり方は中に説明書が入ってますので」

「薬がチンチンに付いても大丈夫なんですかね？」

「大丈夫ですよ。説明書の通りに使用していただければ」

説明書にゆだねられてしまっては、これ以上どうにもできない。撤収だ。


「この商品ってオナニーグッズですよね」


次はディスカウントショップのドン・キホーテだ。アダルトグッズコーナーがあり、大量のバイブが置いてある。女性店員に使い方を聞いてやろう。

ターゲットは20代のポッチャリ店員さんだ。

「すみません」

「はい？」

「コレって何に使うものなんですか？」

「えー、…少々お待ちください」

明らかに変人を見るような表情を浮かべて去っていったが、いくら待っても結局誰も戻って来なかった。ドン・キホーテ、こんな接客方法でいいのか！

コンビニでオナホールのテンガがTシャツとセットで限定販売されたときも、すぐに若い学生バイトのいる店舗に駆けつけた。

　レジにテンガの箱を出してストレートにセクハラ開始だ。

「いらっしゃいませ」

「すみません、この商品ってオナニーグッズですよね」

「……。あー、すみません。ちょっと詳しいことはわからないんですけども…」

　彼女が顔を赤らめたあとにモジモジしながら見せてくれた表情は最高だった。これだから変態はやめられない。

「裏モノJAPAN」読者投稿傑作選 本当にエロい実話MAX

高田 尚／東京 44歳 会社員

まずは一部嬢を指名して冷蔵庫から缶ビールを…。風俗嬢と飲みに行く方法、教えます

深夜終わり嬢よりは一部嬢のほうが

２０１４年12月号特集『狙い目は風俗嬢！ 俺たち中年おっさん60人、こうしてセフレを作りました』を読んだ。私は風俗が大好きなので大変参考になった。ありがとうございます。

「裏モノJAPAN」2015年3月号掲載

そこで僭越ながら、私も自身の風俗嬢ナンパ作戦を投稿したい。

私は、仕事がいつも午後3時くらいに終わるので、夕方に町へ繰り出し、風俗へレッツゴー、ってなことがけっこうある。よく使うのはホテヘルだろうか。

その際は、まず風俗店のホームページで出勤嬢のシフトを確認し、夕方に仕事が終わる女（通称『一部嬢』）をチェック。その中から気になる女を指名し、自分がその日最後の客になる形で遊ぶのがいつものパターンだ。

なぜ一部嬢を選ぶのか？

目的はアフター狙いだ。深夜に仕事が終わる嬢に「この後ゴハンでもどう？」と誘ったところで、すんなりついてくるとは考えにくい。

対して一部嬢は、まだ夕方だし、ちょうど小腹の減る時間帯だったりもするし、とりあえず可能性が高いのは何となく想像できるだろう。

が、もちろんというか、そうすんなりアフターへ、とはなかなかいかない…。

ラブホで缶ビールをすすめてみれば…

そんなある日、いつものように一部嬢狙いでホテヘルへ。プレイ場所のラブホで一通り遊んだ後、何の気なく冷蔵庫から缶ビールを取り出した。

「あ、いいですね！」

女が羨ましそうに見てきたので、相手の分も取り出して渡してやる。

「ほら飲みなよ」

「えー、いいんですか？」

「今日はオレで仕事終わりなんでしょ？」

「はい。じゃあもらっちゃおっかな」

彼女がプルタブをプシュっと開け、缶ビールをグビグビっとあおる。

「いい飲みっぷりだね。仕事終わりの一杯はやっぱ美味いでしょ？」

「ですね」

「あ、そう言えば…」

事前にホームページでシフトを確認したときに見たプロフの『写メ日記』を思い出した。

「写メ日記にも、ビール飲んでる写真がけっこう載ってたけど」

「お酒好きなんでー」

「ふーん。じゃあ、よかったら、この後軽く飲みに行かない？」

「えっ？」

「もちろん奢るし。今日はオレで仕事終わりなんでしょ？」

「じゃあ、まあ、はい」

よっしゃあ！　何だかとってもすんなり進んだんだけど。

かくして彼女はいったん事務所に戻って帰り支度を済ませ、待ち合わせ場所の居酒屋にやってきた。そして普通にしっぽり飲み、さすがにラブホに連れ込むとかまでは至らなかったが、けっこう打ち解けた感じに。

そこで数日後、何気にメールしてみると、

〈お疲れさま。今日出勤でしょ？　よかったら仕事終わった後一杯どう？〉

〈行く(^_^)　19時くらいになるけどいいですか？〉

2回目の飲みでは、すんなりお持ち帰り成功。しかも、以降ちょくちょく飲みに誘ってはセックスする関係になった。

★

というわけで、この一件以降、私は一部嬢狙いでホテヘル遊びをするときは、女たちのプロフィールを見て酒好きのコを選んで指名している。

この作戦、なかなか成績はいい。いざラブホで缶ビールを勧めればだいたい全員が飲むし、アフターに誘うと3人に1人は乗ってくる。みなさんもぜひ試してみて下さい。

本当にエロい実話MAX
「裏モノJAPAN」読者投稿傑作選

みなさん夢想したことはないだろうか。始発電車で眠りこける女の口にツバを垂らしたい、と

徳永あきお／東京 29歳 フリーター

２０１５年１月、未明の新宿駅。夜勤明けの重い体を引きずり、某線の始発電車に乗った。客もまばらな車両は、電車が駅に停車するたびにますます人気（ひとけ）が無くなっていき、次の駅で下車する段になって、客はついに俺と少し離れた席に座るギャル風の２人だけとなった。

チラッとギャルの顔を見る。朝までしこたま酒を飲んでいたのか、彼女は口をポカンと開けたまま爆睡中だ。

「裏モノJAPAN」2015年7月号掲載

ふいに、抑えきれない衝動に駆られた。……これって、アレをやる絶好のチャンスでは。激しく動悸を打つなか、俺はそっと席から腰を上げた。

セックスでやるより何倍も興奮する

セックス中、女の口にツバを流し込むことが好きな男は多いと思う。あの行為が妙に興奮するのは、精子ごっくんと同様、女を汚してやった感、征服してやった感をストレートに味わえるからだろう。

まさに俺がそうだ。いや、ツバごっくんが好きという意味では、そんじょそこらの男よりもずっと情熱はある。出来ることなら挿入など二の次で、延々と女の口にツバを垂らしていたいタチなのだから。

しかしここ数年は彼女もおらず、欲求不満は募る一方（俺は風俗が嫌いで、そういったところで欲望を満たそうとは考えない）。最近はあまりに悶々として、夢にまで見る有様だった。

電車で寝ていたギャルの口にツバを垂らしてやろうと考えたのは、そういう背景があったからに他ならない。

電車が停車し、ドアが開く。その直前、ギャルの目の前に移動していた俺は、彼女の口めがけてツバを垂らした。

緊張でノドが渇くせいで、思った以上に粘度の高いツバがゆっくり落ちていく。やがて…

ぴちゃ。

赤い舌の上にツバが着地した。大丈夫。彼女は目を覚ましてない。

電車が去っていくなか、俺はホーム上で小躍りした。正直、セックス中にやるツバ垂らしの何倍も興奮したからだ。やばい、これはマジでハマってしまうかも！

ペットボトルの水と新聞がいい小道具に

以来、夜勤明けのたびに同様の行為を繰り返すようになり、だんだんと手口もこなれてきた。

電車に乗り込んだら、まずは車両から車両へと渡り歩き、ターゲットの女を物色する。絶対条件は口を開けて寝ていることだが、意外なことにそういう女は4人に1人くらいの高確率で見つかる。午前4時半過ぎという、始発電車の特殊な時間帯のおかげだ。

ターゲットが見つかったら、あとは車内の状況次第だ。女と自分の他に客がゼロなら、電車が駅に停車する

タイミングで決行し、そのままホームに降りるまで。で、次の電車に乗ってまたターゲットを探す。

問題は車内に他の客が2、3人いるときだが、こういう場合でもちょっとした小道具を使えば問題なく行動に移せる。

ひとつはペットボトルの水だ。ツバ垂らしの直前にこいつで口の中に潤いを与え、ツバの粘り気をなくせば行為が完結するまでの時間を半分にカットできる。

ただし、水を口に含んですぐツバを垂らすのも考えものだ。なぜならそういうツバは冷たくなっているので、口に垂らした途端、女が目を覚ます危険があるからだ。そのため俺は、口の中にツバを10秒ほどためこみ、十分に温めるようにしている。

もうひとつの小道具はスポーツ新聞だ。こちらの悪行に勘づきそうな客に対して、新聞をツイタテ代わりに使い、顔を隠すのだ。ツバを出す口元を見えないようにしておき、終了後、すみやかに電車を降りさえすれば、少々、怪しい行動を取っても「おい、何やってんだ!」と言われることはまずない。

てなわけで現在も悪事を続けている俺だが、存分に楽しんでいると同時にこのままではいつか捕まるだろうとの確信も持っている。出来ればこの投稿を機に足を洗えればいいのだけれど、どうなることやら。

「裏モノJAPAN」読者投稿傑作選

「今度子供と一緒に遊ぼうよ」シングルマザーソープ嬢を狙いタダSEXと大金をモノにする

梶原けんじ／神奈川 39歳 フリーター

俺はシングルマザーのソープ嬢に狙いを定め、何人かと関係をもってきた。

彼女たちは一般のソープ嬢に比べて格段に店外デートに持ち込みやすい。しかもセックスだけでなく、お小遣いまでくれるのだからありがたい存在だ。

風俗嬢の4人に1人はシングルマザーという統計もあるほどなので、シングルマザーソープ嬢は比較的簡単に見つけることができる。水商売と違い、日中だけでがっつり稼げるソープは彼女らに人気が高いのだ。

「裏モノJAPAN」2015年12月号掲載

まず彼女たちは総額2万円前後の大衆ソープに多い。さすがにママさんでは高級店じゃ通用しないのだろう。

子供が保育園や小学校にいる間しか働けないので、平日限定の、午前中から昼の3時ぐらいまでの出勤嬢を狙えば、高確率で遭遇できる。

託児所を完備した店も多いので、ネットでそういう店を探すのも1つの手だ。

年齢は24～26歳ぐらいがベスト。このぐらいの年齢が、まだ男との恋愛に希望を持っていて、なおかつ小さい子供がいる可能性が高いので、後々の作戦に有利となる。

もっと若い子の方が、見た目もノリも良くていいのでは？　と思うかもしれないが、20歳前後のソープ嬢は、シングルマザーであってもホスト狂いのことが多いので除外するのが吉だ。

逆にそれ以上の年齢になってくると、生活に投げやりだったり、変に悟っていて男に期待していない子が多く、店外デートに持ち込むのが途端に難しくなる。

『まだ男と恋愛したいけど、自分には子供もいるし、こんな仕事してるから…』と引け目を持った層が20代半ばなのだ。

「俺の元カノも同じ仕事してたけどね」

いざ入店し女の子と対面しても、婚歴や子供の有無を尋ねるなど愚の骨頂だ。基本的にソープは店からその手の情報は言わないようにクギを刺されているし、本人たちもプライベートな情報は言いたがらない。少しずつ相手の心を開いていくしかないのだ。

俺はいつもソープ嬢と一緒に風呂に入ったタイミングでこう話しかける。

「本当可愛いよねー。この仕事は長いの？」

「そろそろ2カ月になりますね」

「そうなんだ、可愛いのにこんな仕事もったいないね」

「そんなことないですよ」

「彼氏いるの？　いてもなかなか仕事は理解してもらえないでしょ」

「そうですね〜やっぱりこういうお仕事なんで」

「俺の元カノも同じ仕事してたけどね」

「え、そうなんですか？」

ここで過去にソープ嬢と付き合ったことがある男を演じると、一気に心を開いてくれるものだ。

　このあたりのトークに進めたら、結婚歴や子供の有無の確認だ。

「結婚はしたことある？」

「私バツイチですよ。子供もいるんですよね」

「そうなんだ。子供何歳なの？」

「4歳です」

「一番可愛い時期だね。男の子？　女の子？」

　子供の話に興味を持って聞き、子供好きをアピールする。それから店外デートへの誘いだ。

「今度さ、子供も一緒に連れて遊園地でも遊びに行こうよ」

　子供と一緒に遊ぶ条件なら、絶対にエロい展開にはならない。身体目的じゃないというアピールになるので、普通は嫌がる店外デートも、この誘い方なら、初回の客でもうまくいくのだ。

　連絡先を交換したら、マメにやり取りを続け、母親と子供の様子を気にかけつつ、デートに誘い出せばいい。

　あくまで初回のデートは子供に気に入られるのが目的だ。

女の子だとラクだが、幼稚園や小学校低学年ぐらいの男の子だと、育ちも悪いせいか本当に面倒くさい。我慢するしかない。

一度公園や遊園地などで遊んであげれば、自宅に行くのも時間の問題だ。

数万円は小遣い程度の感覚

シングルマザーといえば貧乏と相場は決まっているが、ソープ嬢の場合は別だ。

彼女たちも、子供が産まれた直後に旦那に逃げられたりDV被害を受けたりして、経済的に困りはててソープに身を落としたパターンがほとんどだが、いざお店で働き始めると、一気に月収は40万〜50万へ、ルックスが良い子ならそれ以上の収入になる。

ソープ歴半年の25歳、A子は、店でそこそこの人気嬢で、月収も50万以上あった。

すでに2回ほど子供同伴で店外で会い、セックスもしたあとで、こう切り出した。

「今月何回かお前と会うために仕事休んだでしょ？　ちょっと家賃がピンチなんだよね。貸してもらえないかな？」

借りた金は6万円。もちろん返すつもりはない。月収数十万の彼女たちにとって、もはや数万円は小遣い程度の感覚なので、この程度のはした金には執着しないのだ。

その後も、携帯が止まりそうなので3万、車が壊れたので10万、実は借金が20万あったなどとお金を無心して100万以上の金を引っ張ったが、結局1円も返さずに関係を切った。

★

同様の手口で現在まで5人のシングルマザーソープ嬢と関係を持ち、それぞれ店外セックスと、100万ほどの小遣いをゲットしてきた。オススメです。

本当にエロい実話MAX
「裏モノJAPAN」読者投稿傑作選

元盗撮犯だからわかる怪しい動き。パクられるリスク0で逆さ撮り映像を入手する方法

小宮山孝(仮名)／匿住所 42歳 自営業

長らくパンチラ盗撮を趣味としてきた俺の胸に、ふと引退の二文字がよぎったのは、昨年のことだ。理由はただひとつ。昔と比べて盗撮という行為がケタ違いにリスキーになったからだ。

スマホの登場によって、にわかマニアが急増し、連日のように盗撮事件が報道されれば、世間や警察の警戒心が高まるのは当然のことだ。そんな状況を顧みず撮影を続けていれば、いずれ俺も逮捕されるのは目に見えている。ったく、嫌な世の中になったもんだ。

「裏モノJAPAN」2014年2月号掲載

どうする？ 警察が来たらアウトだよ

盗撮からすっぱりと足を洗って、まだ間もないころのことだ。たまたま立ち寄った某ターミナル駅で、不審な人物を見かけた。一見、普通のサラリーマンだが、構内の片隅にしゃがみ込んでビジネスバッグの中身をごそごそといじっているのだ。ん〜？

何かピンとくるものがあり、そのまま様子を見守っていたところ、やがて男は上りエスカレータに向かい、先に乗っていたミニスカ女子の真後ろにぴたりと張り付いた。すぐに追いかけて様子を伺えば、案の定、男はバッグの端をミニスカの中に差し向けている。やはりこいつ、盗撮犯だ。大方、バッグの中にピンホールカメラを隠し持ってるに違いない。先ほどバッグを漁っていたのは、ミニスカちゃんを発見して慌ててカメラの電源をオンにしていたのだ。ふん、マヌケなヤツめ。俺に犯行現場を見られているとも知らずに…。

ふいに邪念が湧いた。この状況、どうにか利用できないものだろうか。ん、待てよ。あれをああしてああすれば…。なるほど！

　エスカレータを上がりきったと同時に、俺は男の腕をつかんだ。

「おい、あんた！　いま盗撮してたろ？　一部始終見てたんだよ」

「は？　してねーよ」

「じゃ、バッグの中身見せてみろよ」

「なんでそんなことしなきゃいけないの？　離せよ」

　興奮する男を無視し、今度は被害者のミニスカちゃんに声をかける。

「ちょっとキミ、こいつに盗撮されてたよ。俺、ここで捕まえてるから警察を呼んできてくれない。いい？　駅員じゃ逮捕できないから、ちゃんとおまわりさんを連れてくるんだよ」

　しつこく警察を呼べと命じたのは、付近にいる駅員にこの事態を悟られたくなかったからだ。

「は、はい、わかりました。じゃ行ってきます」

　顔を青ざめさせながら、ミニスカちゃんが階段を下りていく。それを確認してから、俺は勝ち誇るように男に言い放った。

「どうする？　これで警察が来たらもうアウトだよ。でも、アンタの出方次第によっては逃がしてあげてもいいんだけどな～」

「な、なんだよ」

「バッグにビデオカメラが入ってんだろ？　そのテープこっちに寄こしなよ」

「へっ？」

よほど意外な展開だったのだろう、男が素っ頓狂な声を出した。

「ほらどうすんだよ、早くしないとおまわりさんが来ちゃうぜ。いいのか？」

「わ、わかったよ。ほら、これでいいだろ！」

言うや否や、男はバッグから取り出したテープを俺に押しつけ、脱兎のごとくその場を立ち去った。よっしゃ、狙い通り！

前も別の盗撮犯を捕まえてくれたよね？

持ち帰ったビデオテープには、さきほどのミニスカちゃんのパンティがバッチリと映っていた。ほほう、赤と白の水玉模様ですか。なかなかソソりますなぁ。

本来、他人が撮った盗撮映像など、市販のＤＶＤを観るのと何ら変わりないが、このミニスカちゃんの場合、俺は彼女のナマの姿を見ているだけでなく、ちらっと会話まで交わしている。それだけに映像から伝わってくる生々しさがハンパないのだ。まるで自分で撮影したモノと変わらないほどに。

もしかして俺はすごい発見をしたのではないか。この手法を繰りかえせば、リスクを負わず、盗撮の収穫だけをむさぼれるのだから。

以来、ヒマを見つけてはターミナル駅やデパートに出かけ、盗撮犯を探し回るようになった。

むろん、連中も巧妙にカメラを隠して犯行におよぶわけだが、マニアの心理や行動パターンを熟知している俺にかかればさほど難しい作業ではない。一度の出撃で4、5人の男からお宝映像をまきあげることも珍しくないほどで、新規のコレクションは順調に増えていった。

とはいえ、いつもコトが上手く運ぶわけではない。よくある失敗は、被害者の女が必要以上に騒ぎだし、男から映像をいただくまえに駅員や店員が駆けつけてしまうパターンだ。

こうなると盗撮犯を捕まえた善意の第三者として警察から調書を受けるハメになるのだが、いつぞや、こんなことがあった。

案内された取調室で、担当の警官が俺の顔を食い入るように眺めてくるのだ。

「あれ？　お宅さん、前も別の盗撮犯を捕まえてくれたよね？」

たしかに俺、前回もこの警官から調書を取られたな。

「いやぁ、ご苦労様です。あなたみたいな正義感の強い人がいて助かりますよ。盗撮は卑劣きわまりない行為ですからね」

慇懃に頭を下げる警官にただ苦笑いするしかなかった。この人、もし俺の本当の姿を知ったらどんな顔になるんだろうか。

「裏モノJAPAN」読者投稿傑作選　本当にエロい実話MAX

利発そうなあの子がマットプレイを！ソープ嬢の営業用ブログを見張って本人のフェイスブックを探り当てる

小林孝治／東京 31歳 会社員

ソープやヘルスのホームページには、風俗嬢たちのブログのリンクがよく貼ってあると思う。

リンクを辿ると「アメーバブログ」や「ライブドアブログ」なんかに飛び、日常生活の写真なんかが載せられているわけだ。もちろんフーゾク嬢としての営業用ブログなので、本名や学校がわかるような内容ではない。

だがこれらのブログ、その更新をじっくり見張っているとけっこう面白い。ときに本

「裏モノJAPAN」2014年3月号掲載

人がうっかりし、自分のプライベートが詰まった「フェイスブック」の情報をバラしてくれるからだ。

風俗嬢のスマホには投稿用メアドが

なぜそんなミスが起こるのか順序立てて説明しよう。ちょっと小難しい話だが、ご辛抱いただきたい。

まずはアメーバやライブドアなど、ブログサイトは一般的にどう更新されているのか。

毎日の記事の投稿は、いちいちパソコンからサイトにアクセスするようなまどろっこしい作業は必要なく、携帯から簡単に行うことができる。サイトから発行された「投稿用メアド」にメールすればいいだけだ。例えば次のように。

件名「おはよ！」

本文「今日は早起きしたよー。愛犬に起こされて〜」

件名が記事のタイトルに、本文がそのまま内容になってブログになる仕組みだ。便利なので風俗嬢たちもこれをよく使っており、スマホのアドレス帳にはブログの「投稿用メアド」を登録しているのが一般的だ。

ここまではおわかりいただけたろうか。

次に、ブログを書いている人物が、同時にフェイスブックもしているときの、ある現象について説明する。

フェイスブックをしている人間は、ほぼ99％がスマホにフェイスブックアプリを入れている。

そしてこのアプリ、アイフォンにインストールされた場合は、アドレス帳を自動で読み込み、全メアドに対して2週間に1度、自動的に「招待メール」というのを送る。文面に差出人のフェイスブック名をこんなふうにきっちり載せて。

件名「Kanakoさんのフェイスブック

RSSリーダーで見張っておけば…

を見よう」

本文「Kanako Okamotoさんが近況や写真をシェアしようと誘っています。（以下ＩＤ情報など）」

勘のいい方はもうおわかりだろう。この文面が勝手にブログの「投稿用メアド」に送られたら…。ブログの記事に本人のフェイスブック名（＆ＩＤ）がばっちり載るわけだ。

利発そうな子がマット洗いを…

とは言えもちろん本人がブログの異変に気付けば、すぐに記事は削除される。運良く見つけることとなんて不可能じゃないかと思うかもしれない。

しかし手はある。「ＲＳＳリーダー・feedly」というソフトを使うのだ。

これ、目当てのブログを登録しておくと、そのサイトに新しい記事が載った瞬間、自動的にそのタイトルと本文を保存してくれるシロモノだ。しかも、保存した記事に対してキーワード検索をかけることができる。

現在、自分はＲＳＳリーダーにソープ嬢ブログを５００ほど登録している。次々保存されていく記事をチェックするのは月に１回ほどで、検索キーワードは「フェイスブック」。これで毎月4人くらいはヒットがあるだろうか。

フェイスブックは他人が内容を見られないようにも設定できるため、なんでもかんでもプライベートを覗けるわけではないが、あけっぴろげな子も少なくない。

フェイスブックを漁る段階まできたときは至極の喜びだ。友達との旅行写真や学校生活の日記など、キラキラしたプライベートにはもちろん風俗のフの字もない。でもでもこのコはソープ嬢なんだよなぁと感慨にひたるときの楽しさったらもう。

過去に一度、フェイスブックが判明した女子大生ソープ嬢に会うため実際に店に足を運んだことがある。学校生活の写真などをしっかり頭に焼き付けて。

フェイスブックでは利発そうな印象の子が、マットやお風呂プレイを一生懸命こなす様は何とも言えない興奮だった。この遊び、まだまだ続けていきます。

フーゾク嬢に説教して半泣きでしゃぶらせるのが大好きなおっさんのトーク術

「裏モノJAPAN」読者投稿傑作選 本当にエロい実話MAX
横山康平／東京 43歳 自営業

私は風俗嬢に説教をかまし、半泣きにさせることで興奮を覚えるという、ちょっと変わった性癖を持っています。尺八しながら、メソメソ泣く風俗嬢を見ていると、私のチンポはさらに固くなっていくのです。

そんな風俗嬢説教マニアの私が、「風俗嬢を半泣きにさせるお説教」を皆さんにお教えしましょう。

「裏モノJAPAN」2016年5月号掲載

この店の娘はみんなすごく良かったのに

まず一つ目は、ベテラン風俗嬢やランキング嬢に対する「テクの全否定」です。

下準備として最初のシャワーやプレイ前の会話で、嬢をベタ褒めすることから始めます。

「○○ちゃんは週5日も入ってるの⁉　頑張ってるね。笑顔もいいし、癒されるよ」

これだけ褒めてあげると、女の子もかなりいい気分になる。で、プレイが始まって少し時間が経ったところでアクション開始です。

「ちょっと…あれ？　ちょっと待って」

嬢の顔を見ながら、少し怒ったような口調で言うのがポイントです。

「え？　どうしました？」

女の子が困惑しているところに本格的なダメ出しをしていきます。

「これじゃ全然ダメだよ。プレイが下手すぎ！　○○ちゃんも△△ちゃんも□□ちゃんも、この店の娘はみんなすごく良かったのに、キミだけがダメ！」

ポイントはお店の別の女の子の名前を数人挙げることです。前もって調べた名前を言うだけで、他の子と比較されてダメ出しを食らった嬢はかなりヘコみます。

これだけガツンと言えば、特にそこそこ人気のある嬢などはプライドがあるので、涙を浮かべて謝罪してくれます。

「じゃ、もう一回チャンスあげるからフェラしてみて」

泣きながら一生懸命チンポをしゃぶる女の子に大興奮ってなわけです。

キミの両親は本当に罪深い

続いて二つ目は『職業と人格の否定』です。

嬢と対面したら、淡々とした表情でシャワーを浴び、ベッドの上で膝枕をしてもらいながら仕掛けていきます。

「将来の目標とかってあるの？」

この質問に、きっちりと答えるような子はスルーです。でもほとんどの子は、

「あー特にないんですよね」

と返してきます。そこでアクション開始。

「目標がないんだ。キミは空っぽなんだね」

「え？」

膝の上に頭を置いた状態で、嬢の顔を見ながら真顔で説教していきます。

「たぶんキミの小中学生時代の友人たちはさ、まともな仕事をして、日々一生懸命働いて生きているのに、キミはこんな仕事を選んで、ラクにお金を稼ごうとしている。今まで何にも努力せずに生きてきたから、こんなに堕落したんだね」

この調子で説教を始めると、途中で「ラクな仕事じゃない、私だって頑張ってる」だとか「職業差別じゃないか」、「風俗だって立派な仕事だ」などと、色々な文句を言ってきます。

「ならキミは人に『わたしは風俗で働いてます！　頑張って男のチンポしゃぶってお金もらってます』って言えるの？　そうやって言い訳ばかりで人の意見を素直に聞けない時点で、人間として終わってるんだよ」

とたたみかけます。このあたりでグスンと来る子が多いです。

「じゃ、せめて目の前の仕事ぐらいはちゃんとしてね」

と半泣きの嬢にチンポを咥えさせる瞬間がたまらなく興奮するんですよね。

そして三つめが、『親の否定』です。

これは比較的経験の浅い風俗嬢に効果があると思います。

こちらも膝枕の状態から仕掛けます。

まず、自分の娘が東大生という設定で世間話をした後で、「僕の娘がね、君みたいな、カラダを売るしか能がない女に育たなくて本当に良かったと思う。しかしどういう風に育てたら君みたいな馬鹿が育つんだろうね？　お母さんも、カラダを売るしか能がない馬鹿女だったの？」

最初から容赦なくけなしていくと、驚いた顔で無言になっていた嬢が、気づくと目に涙を浮かべていたりします。

「キミが、こんな駄目な人間になったのはすべて親のせいなんだよ。キミに大切なことを一つも教えずに、身体だけ大きくして社会に出した、キミの両親は本当に罪深い」

嬢がメソメソしながら静かになったところで最後の仕上げ。

「自分の仕事はちゃんとしなきゃ」とプレイを促して、チンポをしゃぶる嬢に「キミのこの情けない姿をご両親に見せてやりたいよ」と、とどめを刺します。

どの説教も、相当険悪な雰囲気になりますが、興奮度合いはかなりのものですよ。

「裏モノJAPAN」読者投稿傑作選　本当にエロい実話MAX

井上あさみ／28歳 風俗嬢

池袋の立ちんぼを騙しまくるコインロッカーオヤジの用意周到なタダマン手口

職務質問されたら、お互いマズイでしょ

私はデリヘル嬢なんですが、ときどき路上援交もやっています。場所はもっぱら池袋西口。ちょっと前の「裏モノJAPAN」の記事に『駅前に座りんぼちゃんが増殖中』なんてのがあったと思うのですが、まさにそういう女です。

「裏モノJAPAN」2017年8月号掲載

その日も夜7時ごろ、西口広場の花壇に腰掛け、男が言い寄って来るのを待っていたわけですが…。

「おねーさん、遊べる人？」

声をかけてきたのは、40代後半くらいの、背が高くてぽっちゃり体型のオヤジでした。

「3万円で遊ぼうよ！」

マジで⁉　そんなに払ってくれんの？

「…いいですよ。その金額なら大丈夫ですよ」

「じゃあ、行こうか」

相場を知らない人なのかしら？　超ラッキーじゃん！

北口ラブホ街のほうへ歩いていく。すると、オヤジが足をとめました。場所はコインロッカーの前です。

「あのさ、一応注意して損はないというか」

「何をですか？」

「これからキミとホテルに入って、そして出てきたタイミングで警察に職務質問されたら、お互いマズイでしょ」

なにそれ。警戒し過ぎじゃないの？

「別に、売春とかしてませんって言えばいいじゃないんですか？」

「いや、キミのカバンをチェックされると思うし、そこでこっちの指紋が付いたお札が出てきたら、面倒なことになりそうでしょ？」

「…はぁ」

「だから、お金はコインロッカーに入れて行こうよ」

えっ、どういうこと？

オヤジはこちらの返事を待たず、財布から3万円を取り出し、私の目の前でコインロッカーへ入れ始めました。そして施錠。

「で、このカギはホテルに入ってから渡すんで。あとで自分で取り出してもらってカタチでいいかな？　これだと直に現金の受け渡しをしてないんで、もし職質されても言い逃れできるから」

何このスパイのやりとりみたいなの？　さすがに心配し過ぎでしょ！

…でも待てよ。私だってバカじゃないんで、万が一のことを考えるんだけど…。

ラブホに入ると、気になったことを切り出しました。

「一応先に、さっきのカギを渡してもらっていいですか」

そのままプレイを始められ、どさくさ紛れにヤリ逃げなんてされたらたまりません。

「あっ、それもそうだね」

オヤジはポケットからカギを取って差し出してきました。何だちゃんとしてるじゃないの。じゃあ私も、3万円分の仕事をしてあげようかな。

あれ？　このボックスだったっけ？

というわけで、フェラも腰使いも、いろいろ頑張ってあげることに。オヤジはもう大喜びで、さほど時間をかけずにフィニッシュしました。

「最高だったよ。なんなら2回戦をお願いしたいところなんだけど。今日はこのあと用事が入ってて」

「そうなんですか？」

「悪いんだけど、先に帰らせてもらっていいかな？」

別に問題ありません。ラブホ代もすでに払ってもらってますし。

そそくさと部屋を出て行くオヤジを見送った後、自分も身支度をします。いやー、太っ腹だったし、短時間でさくっと終わってくれたし、こんな男もいるんだな。

では、3万円を取りに行こうっと。ホテルを出るとコインロッカーへ。スキップを踏むような気分で向かいます。

カバンからカギを取り出しました。えーと、『12番』か…。

ってあれ？　このボックスだったっけ？　向こうのやつじゃなかったっけ!?

ザワッとした不安は的中しました。3万円を入れたはずのボックスはすでにカラ。自分が持つカギで開けた『12番』もカラ。…どういうこと？　もしかしてこういうからくりか！

①あらかじめ『12番』のボックスに何もいれずに施錠。カギを手に入れておく。
②3万円で女をひっかけ、職務質問うんぬんの小芝居。
③ラブホでは、現金を入れたボックスのカギだと思わせ、『12番』のものを渡す。

このコインロッカーが使われる

④ヤった後は、先にホテルを出て3万円を回収。

もちろん警察に届けられる話ではありませんし、悔しいったらありません。くそー、あのオヤジっ！

★

その後、池袋で援交をやっている女の子たちの噂を耳にしたのですが、このオヤジ、同じ手口でやり逃げを繰り返しているようで、「コインロッカーオヤジ」なんてあだ名が付いていることを知りました。早く痛い目にあってほしいものです。

本当にエロい実話MAX

「裏モノJAPAN」読者投稿傑作選

高橋宗介／神奈川 38歳 会社員

怪文書の被害者を演じ勃起チンポ写真を女性店員に堂々と見せつける変態

ブリーフ写真でも興奮はできるが

私は常日ごろから、街中の美人さんたちに勃起チンポを見せつけてやりたいという願望を持っていますが、さすがに本当に実行に移すと逮捕されてしまいます。そこで思いついたのが写真を使った方法でした。

「裏モノJAPAN」2018年4月号掲載

ターゲットは、男性用の下着売り場の店員さんです。まず、自宅で薄手のブリーフパンツを穿き、チンポをギンギンに勃起させた状態で写真をパチリ。コンビニで大きめのサイズにプリントアウトして、もっこりブリーフ写真の完成です。

このプリントを持って紳士服売り場に行き、なるべく自分好みな店員さんに近づいてこう話しかけます。

「すみません、こんな感じの商品を探してるんですけど、こちらにありますかね？」

プリントには、股間がもっこり膨らみまくったブリーフが。これを見た瞬間、ギョッと目を見開く店員さんの表情はタマりません。

ただ、もっこりブリーフ写真でもそこそこの興奮は得られますが、できればブリーフ越しでなく、チンポそのものの写真を見せつけてやりたい。もっと言えば私のチンコだとはっきりわかるように、顔も写したい。でも通報されそうで怖いしな…。

「こういったものが届いてないかと…」

沈思黙考ののち、すばらしい考えがひらめきました。

女性用のパンティを穿いて勃起させれば、チンポがニョッキリはみ出て丸見えになります。これを女性下着の売り場に持って行けばいいのです。

ただし「こんなパンティありますか？」だと変態丸出しなので通報のリスクが高い。

そこでさらにひとひねり、その写真を怪文書に仕立てあげる手法を編み出しました。

設定はこうです。

『この男は、〇〇（ターゲットのお店の名前）で女性用の下着を万引きした変態男です』

と書かれた怪文書と合成写真が、自分の会社に送られてきた。確かにこのパンティを穿いた男の顔は自分だが、これは合成である。つまりは嫌がらせだ。

つきましては、お宅の店にも同じような怪文書が届いていないでしょうか？――

つまりは、あらぬウワサを撒き散らされている被害者を演じ、お店に行くのです。

さっそく、ドン・キホーテで極小のピンクのパンティを購入し、勃起チンポを出した状態で写真をパチリ。それを大きくプリントアウトして怪文書を作成しました。いざ出撃です。

市内にある、ターゲットの女性用下着屋に行き、20代の美人店員さんに声をかけます。

「すみません」

「はい？」

「実は、先日、私の会社にこのようなチラシがばら撒かれてしまいまして…」

「え…？」

美人店員さんは、目をギョッとさせて驚いています。ものすごい快感です。

「私の顔とくっつけて合成してあるみたいで、本当に手が込んでましてね」

「…あぁ、そうなんですね…」

写真から目を離そうとする店員さんに、さらに畳みかけます。

「この下着はこちらの商品ですか？」

「いや…、違うと思いますけど…」

ソワソワと落ち着かない様子で写真と私を交互に見る店員さん。あまりの興奮に射精してしまいそうになりました。

「そうですか。こちらのお店の名前が書いてあるので、こういったものが届いてないかと思いまして」

「あ～、いえ…、届いてないと思いますけど…」

「わかりました。ありがとうございます」

この怪文書を装った間接露出法、どんなにドギツい写真でも、安全に見せつけることができるばかりか、何度も同じ被害を被ったことにすれば、2度、3度と違うバージョンの写真を見せることも可能です。何しろこちらは被害者なのですから、通報される可能性は極めて低いのです。

単独のデブブサ男が見せつけカップルと遊ぶには部屋を提供するだけで良し！

大島ツトム／埼玉 34歳 会社員

ネット上には変わった性癖のカップルがたくさんいるが、その筆頭的存在といえば、見せつけカップルだろう。

見知らぬ単独男を呼び出し、目の前で女に露出させせたり、セックスを見せつけたり。さらにはプレイに参加させることも珍しくないのだから、実にありがたい。

問題は、せっかく見せつけカップルの募集に応募しても、選ばれる確率がかなり低いことだ。募集を出すカップルはたくさんいるが、応募がそれ以上に殺到するからだ。

「裏モノJAPAN」2018年10月号掲載

そうなると当然、審査の目は厳しくなり、俺のようなデブッチョブサイクは真っ先に写メチェックではじかれるハメに。結局、カップルから招待を受けるのは、日ごろからジムで体を鍛えてる、嫌みなデカチン野郎だけなのだ。くっそ〜！

ポイントは安心感

ところが、ある手法を思いついてからこれまでの流れが一変した。ほぼ毎週のように見せつけカップルたちからお招きのお声がかかるようになったのだ。

手法といっても小難しいことは何もない。こんな募集文をナンネットなどの掲示板にアップするだけだ。

『僕の自宅アパート（２ＤＫ）をヤリ部屋として提供します。興味のあるナマ見せカップルさんはご連絡ください。見るだけでなく、プレイに参加させていただけるのなら謝礼も考えています』

見せつけカップルは、変わった環境でのセックスが大好きだ。他人の家というシチュエーションは、連中にとってラブホの何倍も魅力的に映るものだ。

が、何より大きいポイントは、やはりカップルに与える安心感だろう。

カップルが最も気にするのは、やってくる単独男がまともな人間かどうかという点だ。実際、非常識な単独男と揉めてトラブルに巻き込まれたカップルの話はよく聞く。その点、自宅を提供する男なら信頼度はバツグンだ。自宅をさらす、つまりどこにも逃げ場がないのだから、妙なマネなどしませんよというアピールにもなるのだ。

ちなみに謝礼の支払い（5千円〜1万円）についてだが、これはもう完全なダメ押しだ。俺のようにルックスにハンデのある人間は、とにかくそれ以外のことでカップルにお得感を打ち出す必要がある。

したがって、見てくれにそこそこ自信のある人は、自宅の提供だけで十分、ライバルに差をつけられるだろう。

彼氏に内緒で遊ぼうよ

そんなわけで、これまで15組以上の見せつけカップルと遊んできたのだが、その中には俺のことを気に入ってくれて、定期的に連絡をくれるカップルも複数組いる。また一緒にエッチなこととして遊びましょうというわけだ。

そんなカップルたちの話を聞いていると、俺のように常連的な扱いを受けている単独男はどうも珍しいようで、普通は一度きりの関係で終わるのがほとんどらしい。

もちろん、常連扱いは俺にとってイイこと尽くしだ。カップルと顔を会わせるたびに親交が深まるので、セックス内容もそれに見合ったものに変わってくる。ひとりの淫乱セフレを、知人男性と一緒に犯すような感覚というか。とにかくカップルから常連扱いされるのは絶対に得だ。

そこでここからは、二度目以降にカップルから声をかけてもらうにはどうすればいいか、そのコツについて話したい。

まず、なんと言っても重要なのは、女に好かれることだ。こういう遊びにおいて主導権を握ってるのは女の方なので、彼女らに嫌われたらもうどうしようもない。

そうならないために、俺が気を付けていることは…。
・常に清潔を保つ。
・シャワーを浴びてない状態で、女の体に触れない。
・馴れ馴れしく話さない。いつでも礼儀よく。
・とはいえプレイが始まったら、臨機応変に。自分のスタイルを押し付けず、女がMなら多少強引に、Sなら卑屈に、といった具合。
改めて見ると、当たり前のことしか並んでいないが、当たり前のことをしっかりやるからこそ、女からの信頼を勝ち取れると俺は思っている。

そして最後に、もう一つ。特定のカップルと交流を続けていくと、時々、女の方から「今度、彼氏に内緒で遊ぼうよ」と誘ってくるケースがあって、これがマジで興奮するのだ。ホントの意味でカップル男から寝取ったことになるのだから、優越感もハンパない。

みなさんもぜひ、自宅提供をきっかけに、ステキなセックスライフを送ってください。

「裏モノJAPAN」読者投稿傑作選

参考になるかわかりませんが私が長きの歳月をかけて考案した格別なセクハラ数案を紹介します

小林勘五(仮名)／埼玉 47歳 自営業

私の趣味は街中でのセクハラプレイです。昔から性欲が強かったせいか、街で出会った女性たちに色々とエッチなイタズラを仕掛け、彼女たちの反応をズリネタにしてきました。普段から楽しんでいる私のセクハラプレイをご紹介したいと思います。

「裏モノJAPAN」2014年1月号掲載

チラシをもらうときの手の形は

軽めのものから参りましょう。

まず路上で手を大きめに振って歩いてる女性を見つけます。歩くスピードは遅い方がベターです。

本人に気付かれぬよう真後ろから素早く近づき、歩幅を合わせてさらに距離を縮めます。女性の手が後ろに大きく振られるタイミングを見計らって最接近し、腰を前に突き出せば女性の手が股間をヒットします。

その瞬間「痛っ！」と大げさに声を上げれば、女性は「あ、あ、すみません！」などと謝りながら何とも言えない気まずい表情に。それがぶつかった手の感触と合わさって最高のズリネタになるわけです。

ではこの調子で次に参ります。

街中でよく見かけるビラ配りのお姉さんたち。彼女らもセクハラ対象です。

勝負は一瞬。チラシ配りでもティッシュ配りでも構いません。タイプの女子を見つけたら、近づきながら素早く右手の中指と人差し指の間から親指を出してオメコサインを作ります。その親指で女の子が差し出したチラシを挟んでやるのです。彼女たちが見せる一瞬のギョッとした表情がのちのズリネタになってくれます。

クリーニング屋は必ずポケットを確認する

続いてコンビニです。女子大に隣接するコンビニは、平日のお昼時ともなると女学生たちでごった返すので、店内で眺めているだけでも十分満足できます。が、セクハラするなら弁当が置かれた冷蔵棚がベストでしょう。

女子大生の皆さんがギュウギュウになりながら思い思いの弁当に手を伸ばす夢のような空間で、私は弁当選びに時間がかかるフリをして居座り続け、そのときを待ちます。

これぞという女子が現れたら、腰を屈めた女子大生のお尻に弁当を取る振りをして顔をぶつけます。ムニュっと。

「あ、すみません…」

と言いつつ腕を弁当の方に伸ばしていれば、文句を言われる心配もありません。ただし顔を押しつけるのは片尻のみ。欲張って両尻狙いで割れ目に顔を突っ込むと、悲鳴を上げられて大変なことになります。

クリーニング屋に汚れものを持っていくときは、若い女の子がいる大手のチェーン店を選びます。

あらかじめ自宅でオナニーして、スラックスのポケットの中に精子をぶっ放しておきます。クリーニング屋はポケットに必ず手を入れて確認するので、女の子の手に精子を付けることができるのです。

千円カットの店にも思わぬチャンスが

月一回の散髪もセクハラチャンスです。

本来は美容院の美人スタッフを狙いたいところですが、お洒落な店はお金がかかってしかたありません。近ごろ女性スタッフが増えている千円カットのお店で十分です。

３００円程度の指名料を払って女性スタッフを選んだら、席に着いてカット開始。普通に髪の毛を切ってもらいます。

サイドを切ってるときは女性との距離が離れすぎているので、頭頂部付近にくるまで待ち続けます。頭頂部を切り始めたら、女性の腕が上がった瞬間を狙って、腋の下に顔を向け、思い切り息を吸い込み「ああ、いい匂い」と聞こえるように呟きます。

大抵は無視されますが、時には笑顔で応えてくれたり、眉間に皺を寄せることもあります。最高のズリネタです。

宝クジ売り場も格好のセクハラスポットになります。

チャンスは当選番号確認です。あらかじめ10枚綴りの束のビニール袋の中にコンドーム（新品）を入れておき窓口に出します。

ほとんどの女性スタッフが袋から落ちたコンドームを見て「あっ！」と声を上げて動きを止めるので「ああ、ゴメンゴメン」と言えば照れ笑いが返ってきます。若い女性のときは凍り付いたように動かなくなる子も。コンドームを手渡ししてくれる時のなんとも言えない表情に興奮しまくりです。

ご清聴ありがとうございました。

「裏モノJAPAN」読者投稿傑作選
本当にエロい実話 MAX

2019年7月16日　第1刷発行

著　者　「裏モノJAPAN」編集部[編]
発行者　稲村 貴
編集人　平林和史
発行所　株式会社 鉄人社
〒102-0074 東京都千代田区九段南3-4-5フタバ九段ビル4F
TEL 03-5214-5971　FAX 03-5214-5972
http://tetsujinsya.co.jp/
カバーイラスト　加藤裕將
本文イラスト　清野とおる
デザイン　+iNNOVAT!ON
印刷・製本　株式会社シナノ

ISBN978-4-86537-167-3　C0176　©tetsujinsya 2019

本書へのご意見・お問い合わせは、直接小社までお寄せくださるようお願いします。